U0008991

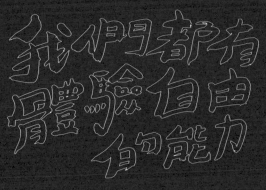

我伊門都有體驗自由的能力

一個女演員的愛與生命告解

林辰唏

採訪撰文───李昭融　攝影───登曼波 Manbo Key

目次

I　BIRTH　新生

II　REGENERATE　再生

Ⅲ REBIRTH 重生

推薦序 01 ｜ 徐譽庭（導演、編劇）

她

就快樂然後痛吧！就迷失然後又找到吧！
……因為那些「感覺」，都是活生生的「她的」，也成就了「她」！

當晚輩開始嚷嚷著要「活出自己」時，我不禁擔憂地在想：你真的知道「自己是誰」嗎？

接著我就會想起「她」。

她沒結婚。

我從來沒問過原因，也沒想過要問。因為我很清楚她並不是那種「不要什麼」的被動款女孩，她會努力且積極地抓住「她要的」——關於愛情，她要的是「美好關係」，而不是表象的證明。所以某天，她又大著肚子、帶著笑容走到了我面前。

當下我只是務實想著「這下妳有好一陣子不能接戲啦」，不過我卻並不擔心她是不是衝動？會不會做一個好媽媽？甚至我還暗暗地相信，她會教養出一個非常有魅力的孩子，因為她總是與自己的靈魂同在，一個能直視自己的靈魂深處的母親，當然會懂得讓一個新生命長出最盛開的樣子。

然後、此刻，她成為了一個比我想像的她還要好的母親。

她叫我「媽媽」。就像許多母親在孩子的身上學到了生命的意義一般，她也是我的顯影劑。看著她那麼用心地接受著生命中每一絲一毫的喜怒哀樂的那種勇敢，我開始自卑於我信守的安全結界：

怕戀愛，因為怕心痛；怕快樂，因為囂俳無落魄的久；怕親近海，它讓我想到了災難；怕
爬山，恐懼再也走不出來……於是那些讓我氣餒的「怕」，成就了在桌前紙上談兵的我。

她當然也怕，重點是她並不阻止或逃避自己與「它們」同在：就快樂然後痛吧！就迷失然
後又找到吧！……因為那些「感覺」，都是活生生的「她的」，也成就了「她」！

她叫林辰唏，是我自己拍戲以來的第一個女主角。

要活成林辰唏，事實上並不容易。你要先經歷顯學社會的批判、在幽暗的谷底自我對話、
放棄明亮社會丟下來的繩索、衝撞結構縝密的困頓、帶著傷痕與自己破碎的靈魂拼圖走向
自己。

難怪所有特立獨行的行為在她身上都不顯得標新立異。

所以回到開頭的重點，我想跟那些想活成自己的女孩們說：請不要靠著金句過日子。關於
我說的這些三言兩語，在《我們都有體驗自由的能力》這本書中，被非常誠實且詳盡地記
錄下來了，如果妳也想找到自己，容我推薦妳打開它，仔細讀著、感覺著，然後闔上它，
開始與自己對話。

推薦序 02 ｜ 李屏瑤（作家）

預視妳早安、午安、晚安

先看見束縛，而後懂得自由；面對失去，感受疼痛，接著才能重生。

很多人也許跟我有一樣的經驗，是從無名小站知道林辰唏的，那時她以仔仔之名走跳，網路很新，網路相簿很新，網路世界也很新。現在回想起來，無一不是時代的眼淚。當年的無名非常生猛，既公開且私人，每個人都擁有成名 15 分鐘的機會，每個人都有暢所欲言的自由，像是一個廣袤的公園，上面放滿了肥皂箱。

仔仔無庸置疑是惹人矚目的，我們前後這世代的人應該都在網路上看過她的照片，各種角度的自拍，持續點擊，還有各種生活照。她知道自己被拍攝，甚至許多照片是由她自己按下快門，儘管如此，看這本書的某些篇章，仍有種楚門駛離了海灣、撞上攝影棚的邊緣，最終步入新世界的錯覺。

林辰唏明明很小，卻又感覺很老，時間在她身上並非均質前進，這也許是成為一個好演員的品質。許多事件提前抵達，命運沒有給予準備的機會，高密度的壓縮跟積累，會濃縮成為養分，只是裡面夾雜太多眼淚與歡笑。生命有太多功課同時布達下來，她是一一耐心寫完的類型。

讀著讀著會擔心這本書是不是出早了，在這樣的時光跟年紀，就記錄這樣的過程跟體悟，卻又能漸漸讀到內裡誠實而成熟的靈魂，這些經歷其實與年歲無關。

先看見束縛，而後懂得自由；面對失去，感受疼痛，接著才能重生。

這一輪剖析肯定翻天覆地，要寫出自己的生命故事，也是生產等級的大事。已經走過一次大循環，接著將走到更深遠的地方，願妳更加自由自在。

推薦序 03｜莫子儀（演員）

我認識的林辰唏

她用同等的心感受、體驗著，和自己，和角色的人生拚搏。
這是她活著如實走過的人生，如此而已。

她頑強地卸下一切自我的叛逆，捏碎自己只為了揉成角色，那是 2012 年，我們一起演出連續劇《罪美麗》。

4 年後，我們有緣再次一同演出舞台劇《神農氏》。這是辰唏第一次的劇場演出，在國家劇院諾大的舞台上，半寫實半風格的文本，將近一半的時間只有兩個演員要撐起全場。

辰唏用自己的努力告訴你她辦得到，她可以跟你拚了，她可以在正式排練前半年就從頭開始進行嚴格的劇場訓練，只為了自己能站得上國家劇院的舞台，對得起同台演員和觀眾。

2019 年我去看她另一個劇場演出《最後一封情書》，截然不同的生命經驗，她將她的人生風景感同身受真摯地轉化進角色。

她用她的人生告訴你這一切不是為了什麼名利榮譽，她用同等的心感受、體驗著，和自己，和角色的人生拚搏。這是她活著如實走過的人生，如此而已。這就是我認識的林辰唏。

自由無法描繪，自由的體會千變萬化，任何的文字敘述對「自由」來說都是框架和束縛。我無法定義它該是什麼樣子，但若是從侷限的角度來看呢？

看似侷限的身體，天馬行空的思想和念頭卻能無邊無際地漫遊；看似侷限的身分，我卻能同時體驗身為小孩和大人的感受；看似受言語限制而無法描繪的情感，我卻能用沉默去體會到愛。不論是在身為女兒、演員、母親、伴侶的我……每一種身分的重新整合，都讓我學習到用欣賞的方式去包容不同階段的自己。

我信奉順其自然，生命的神聖時刻常常就在鬆綁的那一刻降臨。其實我們早已具足自由的條件，那些看似綑綁我們的一切，也是使我們掙脫束縛的工具。這些鬆綁，讓我明白每個人都有權利快樂、輕鬆、優雅地生活。

※

在變化多端的人生旅途上，不合邏輯的變動環境中，有好多好多不可思議的巧合與習題，鍛鍊著我的適應能力，許多時刻我得放掉控制才能盡情體驗，甚至感覺到愛。生命的面貌也讓我看清自己的本質，認識身處環境的不安全感，自我內在的不安全感。或許不安全才是真實，畢竟我們無法預測每一天每一刻將會發生的事。

於是家庭、感情、關係、居所、學校、工作……各種生活場景，總會接連不斷出現許多驚喜（有時驚恐），帶領著我一次又一次地重新活過。這過程，我有過困惑、自滿、懷疑、憤怒、希望、熱血、鼻涕眼淚、頭破血流……然而熱切渴望超越的靈魂，讓我明白，我們可以決定自己觀看事情的角度、感受、健康、所有一切。那是自由的基礎。原來，我一直都是自己的主人。

※

做自己，不如做真實的自己。

我們都在「認識自己的這條路上」試著「成為自己」，從中你會感受到生命的顫抖，這份探索對我來說是，一記鐘響、一份警醒、一次綻放，是美妙的發現！從渴望自由成為自己的那一刻，我就明白探索的旅程早就已經開始！不論是從童年的疑問和考驗，或者從當演員這條路開始，成為自己，將自己所顯化的一切更加趨近於自己，一直是我想要達成的事。

所以我走向認識自己的道路。無論是思想、感受、習慣、慾望……所有的內在發生，我帶著更多觀察去琢磨生命和自身的存在。

透過這本書的回溯爬梳，讓我有機會能再一次回頭檢視生命歷程，好好地重新認識自己一番；我發現，小時候的叛逆和反抗，背後渴望的是陪伴、支持、尊重、接納，這幫助我清楚看見關係中扮演的角色，釐清我嚮往的關係，我學會了溫柔和仁慈；我看見，兒時缺乏關愛不被理解的煩惱，雖然讓我吃了不少苦頭，但卻活出自己喜歡的樣子；我體認，投入喧囂工作環境中的我，孤獨感是常態。但只要提早擁抱孤獨，就能活得自在輕鬆許多。

當我們對自己有更多認識之後，就能體會更多的美、快樂、神聖，也會了解這個社會和世界，那是簡單的智慧，是真實，是生命的最高境界，你會去感謝和感到幸福。

※

這本書的存在，將我過去一部分的生命整理出來。我與此書的關係，就像一道劃過的流星，它會繼續飛行，到任何地方任何人手中。這本書的存在是祝福！是分享！是愛的結晶！是集合了所有美好的人事物幻化而成的。我很幸運能將到目前為止的人生記錄下並分享給你。在此閱讀的人們，祝福你也能找到自己的力量，擁有體驗自由的能力，活出真實和喜悅的樣子。

滿滿的感謝與感動，給地球———給每個人。

chapter

I

BIRTH
新生

到底在害怕什麼呢？

孤獨是不爭的事實，伴隨著偶爾的停頓、空白出來探訪。
-
害怕沒有屬於自己的人事物，
害怕沒有歸屬，
害怕詞不達意，害怕孤獨，
害怕不被愛，害怕不被需要，
害怕被否定，害怕被誤解，
害怕＿＿＿＿＿＿＿＿＿＿？

害怕，都是自己想像出來的。

─────── 1-1

從小渴望著愛

我從小給外婆帶大，外婆是摩羯座，每天都有固定的行程，不會做出太大改變。那時候我們清晨會一起上菜市場，她會準備粥、滷肉、滷蛋給我當早餐，甜點大多是鳳梨湯，到了下午她會給我 10 塊錢去巷口買張蔥油餅，再陪我到公園溜滑梯。天氣好的時候，我們會到國父紀念館散步，然後回家畫畫、讀書、看卡通，日復一日，重複一樣的行程。

偶爾，外婆會帶我搭很久的火車到宜蘭看阿祖，4 小時的車程，外婆會盹龜，我則是看著窗外風景，肚子餓會翻出她做給阿祖的滷雞腿偷吃個幾口，外婆很疼我，被她發現了，也只是笑笑地不以為意。

這樣安穩的童年持續到了 5、6 歲左右，因為上學的關係，我搬回家和爸媽一起住。記憶中年輕時的媽媽總是笑容可掬，愛打扮常換髮型，也喜歡幫我打扮，她的重心都放在家人身上，穩定的婚姻和家庭生活是她的全部，但這份安逸卻在我國小四年級時出現變化……

·1
小時候我和外婆一起生活了 5、6 年，那是記憶中最安穩快樂的童年時光。

·2
媽媽抱著我嬰兒時期的我合影，她開朗地笑著，看起來很幸福，那時我們還是個「正常家庭」。

平靜的生活面臨瓦解

那是經濟景氣的年代，大人們都有創業夢，爸爸也開了一間小工廠，經營得不錯，後來不知發生了什麼事，工廠財務出狀況倒閉，那時妹妹已經出生，老闆夢破碎的爸爸就經常待在家中，換媽媽出門上班，她找了份會計工作賺錢養家。

有時會不知去向的爸爸，「試圖」成為照顧我和妹妹的家庭主夫，但他總會製造一些「麻煩」，像是沒繳費，家中被斷水斷電，害我們老得跑去外婆家洗澡，或要點蠟燭度過漫漫長夜……即便如此，我爸有份與生俱來的幽默感，他會打趣跟我們說：「點蠟燭很浪漫喔～」裝出一副不以為意的樣子，讓我覺得停電很好玩。

平靜的生活真正面臨瓦解的那刻，是媽媽發現爸爸寫給另一個女人的「情書」，知道他外遇有一段時間了，媽媽受到很大的打擊，夫妻倆不時為此爭吵，家中氣氛越來越差。當時我偷偷看了那封情書，讀著信中濃情密意的句子，似懂非懂，還很白目地跑去問媽媽「纏綿悱惻」是什麼意思，可想而知，她氣到說不出話來。

我沒能力安慰媽媽

不知道是創傷後壓力症候群，長大後媽媽說她不太記得這些事情，
但我印象很深刻。

.3
3、4歲時我和家人去小人國玩。

當他們在鬧離婚時，吵得很激烈，媽媽每天都在哭。那時她可能太
傷心了，所以會在上課日的半夜叫我和妹妹起床，要我們打電話給
爸爸查勤，雖然很睏，我們也只能照著媽媽的話做。可是我們年紀
真的太小，加上隔天還要上課，其實沒辦法消化她的情緒。

這樣的狀態維持了大概1年，家裡很不安穩。後來還有一次回家時，
看到媽媽坐在我的書桌前，把全家合照裡所有爸爸的照片都割了下
來，當下我真的不知該怎麼辦才好……

因為我爸算是她的第一個交往對象，媽媽非常痛苦，但對於一個四
年級的小孩來說，我無法理解他們的事，媽媽傷心我也沒有能力安
慰她。其實更多時候我不知道媽媽怎麼了，但我必須開啟自己的生
存機制──迴避掉她的情緒，因為媽媽的情緒好巨大，我對於自己
的無能為力感到既懊惱又難過。

我記得那時他們談判了幾次，要我跟妹妹坐在旁邊當證人，那年代
還是錄音機的時代，為了當呈堂證供，我們要負責按錄音鍵，可是
他們談判的過程很冗長，我常常覺得無聊，無聊到打起瞌睡。接著
他們就會開始吵架、數落對方的不是，激動時會互相咆哮，吵到屋
頂都快要掀起來了。

那段時間家中常有親戚出沒，各種有的沒的建議，七嘴八舌亂烘烘
的，完全沒幫助。後來他們終於決定離婚，家裡氣氛更可怕了，媽
媽每天都很陰森，爸爸也變得暴躁易怒……

爸媽離婚後，我跟妹妹成了單親家庭的小孩。即便大人們沒有明講，

.4
國小四年級的全家福照片，那時爸媽
經營一間工廠，一家人看起來還很幸
福的模樣。

· 5
我和爸爸少數保存下來的合照，他的
照片大多被我媽「處理」掉了。

可是我知道，如果要生存就得選邊站，不然從此就不會有好臉色看。
也從那時起我開始很怕我媽，應該說是又怕又愛，在她的影響下，
我覺得我爸是個壞人，不想再跟他有什麼聯絡。到了國中，我只知
道我爸去了中國，我們幾乎和他斷了聯繫。

國中時期的我很不平衡，應該說是憤怒吧，我覺得我根本不應該參
與爸媽的離婚過程，更不需要去代謝他們的情緒，更沒有理由要被
情緒勒索……不過我不恨我爸也不怪我媽，只是他們的事把我弄得
很煩、很想遠離……

眞正的關係到底是什麼？

青春期時我和家人的關係變得非常疏離，我將時間大量投入在朋友
圈和戀愛關係，用自己的方式去追尋愛，想得到滿足，我以為那才
是愛的本質，是維繫關係的方式。

爸媽的離婚真的讓我看清楚關係的本質嗎？我原本以為自己經營關
係的方式，不會受到他們影響，長大後才發現，原來我一直在追尋
原生家庭沒法給的愛。

過去不論是跟男生或女生交往，我一直遊走在關係裡面，因為我想
得到別人的關注，想得到認同感。我會用很「深刻」「激烈」的方
式去談戀愛，於是產生過多的「情緒」，對我來說這樣的愛「最有
感覺」，我可以強烈地感受到自己被愛、被重視。

然而，過度渴望關愛和認可，常常讓我陷入不平衡，我以為戀愛可
以幫助我得到愛和支持，卻常常陷入逃避和無止境衝突的惡性循
環。或許是這樣，長大後我打從心底覺得婚姻無法保證關係良好，
只是維繫關係的選項之一，尤其是看到媽媽的狀態，很難讓我對婚
姻抱持憧憬，也讓我反思如果沒有婚姻，關係又該如何定義？

但真正的關係到底是什麼呢？

多年後，我遇到現在的伴侶「林導演」，雖然原因不盡相同，但他跟我有一樣的想法，我們不想用婚姻來定義關係。我們在情感上很重要的基礎是相信對方，為自己的行為負責，因為所有的決定都應該出自於個人意願，不管簽不簽這張紙，最後都是選擇。

不過我媽倒是在這件事上非常自責，她覺得好像在關係上給了不是很正確的示範。但我們兩個人都覺得這是個人的決定，我會有這樣的想法，當然跟我媽和我小時候的經歷有關係，卻也不是完全相關。最終，你還是要靠自己的力量，長成屬於自己的樣子。

·6
長大後，每當我帶兒子回去看外婆，發現她依舊沒變，每天仍重複做著一樣的事情，很得其樂，就這樣過了80年，我想這份安定是屬於她個人的避風港。

1-2 ————

做一個不聽話的小孩

（我的反叛史 上）

·7
國小參加合唱團，在國家戲劇院演出
《波希米亞人》是我初次感受到表演
的樂趣。

我從小就是坐在教室最後一排的學生，功課沒特別好，老師也不是特別喜歡我，仔細想想，學生時期唯一讓我有成就感的事，應該是國小參加合唱團，那時還到國家戲劇院演出《波希米亞人》，雖然合唱團老師很嚴格，但表演時純粹又忘我的快樂，讓我很享受！

小學六年級時開始有喜歡的對象。當時有個手牽手的男朋友，他是我第一個交往的男性，我們年紀相差 5 歲，是在教會認識的，後來因為大人們反對，我跟他分手了，於是我邊聽著徐懷鈺的歌〈愛像一場重感冒〉在家裡放聲大哭，才知道原來失戀的感覺這麼傷心。

我情感的啟蒙很多是來自漫畫，好比說——《玩偶遊戲》、《美少女戰士》、《小紅豆》等。母親離婚後，因為無法照顧我們，我和妹妹下課時，不是被放在安親班、補習班，就是教會。因為工作忙碌，她盡量把我們安置在安全的地方，起先我沒異議，但隨後我慢慢感受到，那些親情「缺席」的時刻，造成我有許多的情感無法被理解，而開始出現不適症狀。

可能因為這個緣故，從小六開始，我就有很強烈的自我意識，想掌控自己的所有大小事，我跟我媽的反抗其實也是從那時開始，比方說她會約束我什麼時候回家，什麼時間點要去補習，把我生活的行程排得很滿，讓我開始想脫離和家裡的關係。

因為想遠離家庭，我讓自己認識很多朋友，也慢慢對喜歡別人、交往這些事情有了淺薄的理解，覺得與人交往的時候很快樂，所以會很積極投入一段關係。

國一的時候我認識了第一個女朋友，我的直覺告訴我喜歡她，我們會親吻牽手擁抱，很單純地想跟和她經常膩在一起，就這樣而已。當時我不知道這對別人來說是一個「特別」的狀態，也不知道兩個女生在一起大家會覺得很奇怪，所以就把女朋友介紹給我媽認識，還帶去教會，結果慘遭她的不客氣對待。

為什麼交女朋友要生氣？

那時的我不知道同性戀是什麼意思，雖然美術教室裡有人寫我跟女友的名字，旁邊標上「死同性戀很噁心」，可是我沒有生氣，我不理解他們不高興的點是什麼。在那個對性別認同或價值觀都很模糊，還在尋找和嘗試建立人格的階段，我懵懵懂懂，反倒是我媽的反應讓我很受傷。

我帶女友回家後，我媽表現出強烈的厭惡感，她先叫女朋友離開，然後要我在客廳罰跪到天亮，她覺得我做錯事了。我對她說這是一個「變態的行為」感到很錯愕，究竟這件事的對與錯是什麼？我將自己喜歡的對象分享給家人，但卻得到這樣的回應。因為這件事，我對媽媽產生敵意，我們的關係惡化直到高中時期。

·8
國小時很屁孩的我。那時為了遠離家庭，我開始結交很多朋友，下圖是我（右側紅衣服）和同學們的合照。

這是我不滿的開始，因為我覺得她不認同，也不想了解我，可是那年紀的我非常渴望展現自己和被理解。我在尋找自己的定位，在家庭裡也在同儕間，在媽媽身上得不到的東西，讓我把注意力轉向同輩的人，我開始在學校，甚至是學校以外認識一堆朋友。朋友變成我的家人，我會為了他們拚死拚活。

國一還發生了另一件大事，那時流行寫交換日記，我跟一個不同國

·9
印象中應該是和第一任女友出遊時她
幫我拍的照片。

中的朋友開始每天寫，我們住同一區，會固定約在某處把筆記本交給對方。有一天他跟我說，學校搜查書包，把他的筆記本沒收了，因為老師覺得那會影響課業。我聽到之後非常生氣，覺得這只是個人抒發心情的日記，到底哪裡會妨礙課業？氣不過之下，我就在他的聯絡簿上教訓這位老師，大概是寫，「你沒權利做這件事，這是我們自己的交換日記，這是我們的權利！」

沒想到這件事形成兩個國中之間的問題。隔天朋友的老師打電話到我的國中投訴，我一早就被叫去訓話，再跟訓導主任、導師一起去那所國中，慎重地跟對方道歉。

因為這個事件，加上不想我跟女友在一起，我媽就把我轉去別的學校。以我那時交友的速度，小時候又很常搬家，換環境不是問題，我很能適應變動的狀態。但我不知道的是，這個「不安穩」影響到的反而是我長大後的「狀態」，讓我在某些時刻產生強烈的匱乏感。

·10
青春期時的我非常叛逆，在大人眼中
是讓他們頭痛的小孩。

變本加厲地使壞

轉到新學校沒多久,我跟第一任女朋友分手了,因為心底很不滿,就開始變本加厲地使壞。反正對我媽或學校來說,我都得不到他們的認可,所以國二之後每天都泡在撞球間,很晚回家,蹺課、蹺家,甚至跟著小混混一起去打架。

我國二、國三活得比較「用力」,我得讓自己在朋友圈裡被重視,也混得滿如魚得水的,但完全沒在念書,幾乎跟家裡斷了連結,那是我跟媽媽關係最不好的一段時期。當時學校老師的教育就是打,少一分打一下,所以我就更反抗,我們會一群人把廁所和廁所之間的隔板拆掉,躲到裡頭抽菸……成功地扮演欠揍的中二屁孩。

後來我還交了一個別校的男朋友,畢竟那時賀爾蒙旺盛,想找到自己的存在價值。沒想到他的媽媽,居然跑來學校找我,上課上到一半被她叫出來訓話,很嚴厲地告訴我:「妳不配!請妳不要再接近我兒子!」

這些事在我的人格上形成一個機制,我會想去挑戰這種人,很大的因素是為了證明自己,我也想知道,大人們說的事情就是真理嗎?他們沒給你機會思考,沒給你表達自己的空間,也沒有告訴你邏輯和原因,只會永遠給你一個明確的路線跟答案,像是你應該要考上名校,功課好人生就會順利……

但這些道理說服不了我,我痛恨自己的母親和導師,除了漫畫和朋友之外,我就像是遊蕩人間的孤魂野鬼,不知道自己是誰,我想尋找證明自己的存在的意義。秉持對一切質疑的態度,我不斷地跟體制對抗,不管是家庭、學校、職場或社會,我想知道,他們要求的難道是這世界唯一的生存法則嗎?是唯一和世界連結的方式嗎?或者那樣的人才有存在價值嗎?

· 11
前女友被我媽「請回家」的事件,是我跟母親關係惡化的原因之一。

無關性別的交往關係

（我的反叛史 下）

感覺我的人生好像一直都在移動，搬家搬了 7 次──爸媽因工作關係搬了 3 次，離婚後媽媽因為租房子又遷徙了 4 次，這期間光是轉學就轉了 6 次──小學 2 所、國中 1 所，高中就換了 3 所學校。在這樣的變動下，我對自己很沒安全感，因此更想要被肯定，希望能得到關愛，我好像經常在各種不同的人際關係、生活場景之中，去連結、去拼湊出自己的模樣，總是在各種事件和破碎情境裡尋找我自己是誰。

在我個人教育歷程中，可以算是摒棄學校的那種。我是在街頭和撞球場成長的，這樣的環境會認識不同年紀、不一樣來歷的人，相對複雜。不過很奇妙的是，我雖然時常混撞球場，但週日一定會去教會做禮拜。

神說同性戀不正常？

教會是母親離婚後找到的心靈庇護所，五年級時我和妹妹就受洗加入基督教。教會生活占了我青春期很大一部分，我其實很感謝這個給我「安全去處」的環境，至少裡面大部分朋友都挺聊得來的。只是我去的那間教會，男女界線分野很明確，強烈規定不能接觸異性，還時常教育我們「男女授受不親」的觀念。

·12
爸媽離婚後，媽媽在教會找到心靈寄託，我和妹妹也受洗加入基督教。

某次，我那位交往過的教會前男友，剃了光頭準備去當兵，我就拍拍他的頭開玩笑跟他告別，結果卻當眾被大聲喝止，我嚇到了，覺得超莫名其妙。

還有一次我帶第一任女友參加教會活動，其實沒多想什麼，只是希望能常常和她在一起，但媽媽卻將我拉到一旁告訴我：「神說同性戀不正常。」當時我覺得很奇怪就回嘴：「同性戀不能信耶穌喔?!」不知道為什麼要限制這麼多，而且就算你問大人為什麼，他們也講不出個所以然。

從此我就再也沒去教會了。

以前我也不知道自己是在衝撞，只覺得大人講的事情不合理，完全無法說服我。只要面對強烈的約束和指正，我都會變得很敏感，除了反抗之外，我沒其他的解決辦法。在這些不同環境的轉換，我的鍛鍊是學會生存，但學不會溫柔，我只知道要不停地碰撞、嘗試，才能感覺自己存在。

無名小站擴展的交友圈

國中畢業時，我媽要我養活我自己，因為妹妹也要升學，她希望我能賺錢貸款上高中。我就去景美夜市打工洗焗烤盤，但洗碗盤的工作太辛苦了，洗到有富貴手，後來我又去做手搖飲、賣過雞蛋糕、在好多間餐廳打工，也在手機行上過班。

當時電話撥接網路已經很普及，我時常熬夜上網，也開始玩「無名小站」。我很喜歡無名小站，可能是因為網路讓我覺得很自由，可以認識很多志同道合的人，我也能盡情抒發心情，或是跟陌生人坦然自己的事。

我每天花很多時間在上頭，大概一天可以發 5 篇文，也會去聊天室

· 13
無名小站時期，我很投入經營自己的平台，一天發 5 次文非常活躍，應該算初代的網路紅人吧。

和別人聊天、網聚。於是我的朋友圈越來越大，也和當時在一起很久的女朋友，成為無名小站和同志圈很活躍的情侶，應該可以說是初代的網紅吧。

我那時候在無名小站的暱稱叫「仔仔」，我之所以叫做仔仔，是因為國中《流星花園》F4很流行的時候，同學覺得我長得很像周渝民，所以他們開始叫我仔仔，我沒有什麼太大的感覺，也不排斥，就接受了這個名字，但我明明長得比較像廣末涼子。（笑）

接觸「性向」的神祕天地

那時我交往過好幾個男生與女生，對於「女同志」、「雙性戀」這些詞彙並不熟悉，但我從不覺得自己只能喜歡某一種性別，我只是單純喜歡這個「人」，無關男女，也發現自己沒有「切換」上的困難。在這過程中，同儕間其實沒有太多異樣眼光，反倒是大人們無法接受，甚至難以面對。即使他們不能接受，也沒有阻礙我去認識這樣的自己。

到了高中時期，因為當時女友和女同志朋友的關係，帶我接觸了「性向」的神祕天地，我的活動範圍變大，了解的事也變得更多。我們大部分都在西門町混，記得我們會去的「女同場景」，環境裡總是充滿著女性賀爾蒙，比方說女同茶店「異人館」，或是「Esha」、「TABOO」等 T-Bar，女同志一定會去那些地方朝聖。當年資訊不發達，如果想知道同志書籍和電影資訊還會去「晶晶書店」，就這樣我認識的人越來越多，交友圈越來越廣，也對課業越來越無心。

我把自己的生活過得多彩多姿，我想要脫離家庭和學校，掌控自己的生活。因為我都在蹺課打工，我媽說不如去讀夜校認真賺錢吧。所以我又轉學，白天做正職，晚上還去同志酒吧上班，真的超忙的……但因為都沒去上課，後來我乾脆休學。

結果我媽氣炸，賭氣 3 個月不跟我說話，她覺得我至少要拿一張高中職畢業證書，那是她最低限度的要求，我卻連這都做不到。我又再次令她失望，當時我不以為意，我們的關係持續惡化……

無關性別的交往關係

· 14
越來越叛逆，讓媽媽失望的我，開始放飛我自己。

記得和媽媽冷戰那段時間，我幾乎沒回家，都睡在女朋友家或男朋友家。我談的戀愛很多，可能是街頭長大的我，很需要安全感，才會流連在不同圈子跟不同關係裡面，因為那是我唯一覺得可以靠岸的地方。

那時的情感關係，通常是跟女朋友的關係比較長，可能會有 2、3 年，男朋友都是幾個月。我不排斥各種可能，自己也在探索，而且我非常喜歡談戀愛；後來想想，那時我好像追求的是被別人重視的感覺，因為在家裡、學校都沒有過這種感覺，只有朋友圈和戀愛關係可以滿足我。

有時候，可能自己也不確定有沒有很喜歡對方，但就想去試試看，反正也不會有什麼損失，我還是很真誠地和這些人在一起，想說能不能投入這段關係，但到某個時間點，覺得好像真的沒辦法往下走，大家就分開了。

長大之後，當我回過頭看這些過程，看似我在許多迷茫和束縛中把自己長出來，有時候用力過頭，傷痕累累，有悔很也有快樂的時光。

那時我對自由的認識還停留在表面，可是放在那個年紀看很爽——不論是第一次打工感受到經濟自由，或是離開不喜歡的人事物環境掙脫後的自由。在各種不同的情境裡，我有感觸、有體悟，也有質疑，沒有對與錯，我們都想在這過程中，努力更貼近自己、成為更棒的自己。

隨筆①

Well I'm Sick of All Your Lies

September 21, 2007
—

Do not discuss love.

I just want to spend my current life well and peacefully.

I wish to maintain this friendship.

Do not discuss love, and do not talk about the future with me.

All of these should start from the beginning.

I don't want to think too much now.

I just want to be free like a bird flying in the sky.

I don't need anything other than freedom.

—

【摘自無名小站】

隨筆②

妳管我

December 5, 2007

─

我有腳，我自己會走路，我有 photo 我自己會改圖，我有手我自己
會拿東西，我有腦，我會想，我有嘴，妳管我想不想說。我也喜歡
攝影，我也喜歡改照片，我有我自己的作品，有我喜歡聽的歌，在
這世界，會認識什麼樣遇到怎麼樣的人，我們都不知道，不過在我
身邊和我有一樣喜好的人，少之又少，能在我身邊推著我，啟發我
的潛能，除了我媽之外的你們，我的朋友不多，認識的人很多，在
每個人身上學習他們的優點，朋友與朋友之間互相鼓勵，人之常情
的嘛！不是嗎？你們都很好奇，我知道，畢竟，熟的熟，五分熟的
五分，八分的八分，喜歡猜猜猜的，就去猜，每個人都有祕密，大
家都保留一點吧！某些話，某些事。是不是大家都沒事幹？去找事
做吧！謝謝你們的喜歡，我留起來。不客氣你們的討厭，我沒聽見。

─

【摘自無名小站】

─────── 1-4

約束與自由

自懂事以來在家庭裡、學校間，我都是個麻煩人物。

不知道為什麼，只要我媽或任何大人開始管教我，我一定會想掙脫、唱反調，或是用很極端的方式展現自我，即便我知道那可能會帶來更大的衝突，但我還是一直想把自己「長出來」，只不過不是用大人的方式，可能這就是人類最原始的生命力吧──不想被馴服。

記得有次成績不及格受到責罰，我半蹲著被我媽打到雙腳顫抖，因為太害怕了，無法忍受這種壓力，我鼓起勇氣大聲地告訴她：「我要離家出走了！」當時我國小一年級。

青春期的我更是偏激，有一次在班上因為坐姿不正，被國文老師糾正，就站起來回嗆說：「你白痴哦！」結果被帶到訓導處打了3大板。

家庭狀況是我奮力反抗的原因嗎？

母親的約束和批判

離婚後的母親忙碌又疲憊，我們經歷了一段關係上最「辛苦」的階段。步入青春期的我，帶著對母親的矛盾和憤怒成長，對於她的約束和批判，我經常感到無所適從，也因為看見她的辛勞，使得我常在內疚和自責的感受中不斷自我折磨。

那時候我們無法溝通，家中氣氛很僵，同住一個屋簷下卻無法正眼看彼此，12 歲的我，只能靠朋友的力量去找到認可和歸屬。經過一段時間的冷戰，後來我們發展出用書信交流的方式溝通，當時母親試著用文字說明她的感受和意圖，我發現那是她展現脆弱和溫柔的方法，那些字也是她對我「無法也無力」的一種訴說──「無法」是因為她過於忙碌拿我沒辦法，「無力」則是她不知該如何表現她的愛。

· 15
以前我覺得管我的人都很吵，也無法
對他們敞開自己。

從傾聽中找到意義

然而不想被「約束」的意念，無論是學生時代，到後來進入這行，都反映在不同事件上頭。當人們告訴我有些事不能做，或建議我一定要循著某個脈絡執行才會有好的結果，對我來說就是一種束縛，過往的我無法敞開自己，我會覺得他們很吵，老想干涉我，往往也聽不到背後的真正意思。

進入這行之後，我因為工作要買自己不喜歡的高跟鞋、化討厭的妝容……還要盡量保持禮貌、忍耐委屈，讓我一度以為這世界要的只有「模範生」。當時我有很多困惑——為什麼我們要掩蓋自己的特色，讓自己符合某些道德和娛樂的標準，導致我時常找不到自己在這「群體」中的自在感受。

隨著時間成長，我拔掉了身上的許多刺，也慢慢理解到，當家人告訴你要照顧自己、多帶一件衣服，這些話語背後都是一份擔心，那擔心是來自於別人在乎你。或許這是源自童年的我，太渴望得到母親的關愛了，因為缺乏，反而覺得「關心或被關心沒有用」，這份對「母親的呼喊」的背後情結，其實是我一直希望她能試著多理解我、更貼近我一些。

什麼是真正的自由？

一直等到生了小孩之後，我才知道什麼是「傾聽」和「關心」，於是我試著認真去聽這些建議背後的意義，從這樣的練習開始，我才知道我從小認定的自由，其實非常狹隘和表面的。

在追尋「自我」的道路上，「自由」一直是我的強烈渴望，我一直在探索各種自由的面貌，但什麼才是真正的自由？是行動上、意念的、還是心靈自在的……這樣的追尋是一條漫長的路，我也還在學。

如果好好活在當下，自由是時時刻刻、隨時隨地都能被體驗到的
嗎？在與這世界的連結中，我發現各式各樣的關係裡，各種對話和
交流之中，都存在、也發生著許許多多的故事。如果我們願意，在
這些體驗中，好好地投入並且釋放自己，懂得學習與臣服，會不會
因此獲得更大的自由呢？生命本身也會給予支持吧？

・16
我對體制和約束的抗拒，發生在人生
的各個階段，我一直在學習如何處理
好這個課題。

—————— 1-5

我和我愛的動物

好像在我的生命中，動物總是陪伴我度過寂寞時刻的最佳夥伴，照顧牠們就會覺得療癒，跟牠們一起玩的時候，也會很開心。

小時候學校門口有抽抽樂，5 塊錢抽一個便條紙，上面告訴你得什麼獎的那種遊戲。我常常抽到鬥魚、水母、兔子，帶各式各樣的生物回家，但後來也不知道牠們跑去哪裡了⋯⋯

那時因為我連續一個禮拜抽到 10 隻小兔子，就把牠們養在一個箱子裡，偷偷放在桌下，我以為不會被發現，殊不知那些兔子把紙箱啃了一個角，晚上跑出來到處大便，因此被我爸罵了一頓，他超崩潰、超生氣的。

小學四年級的時候，我家養了一隻狗叫「仔仔」，對，跟我後來的暱稱一樣。牠是一隻博美狗，我是牠主要的照顧者，只要一回家牠就會衝過來咬我的腳後跟，巴著我跟牠一起玩。

· 17
「仔仔」和我還有妹妹的合照。

養了 1 年半左右，家裡狀況開始不好，父母經常吵架，因為狗怕大聲的聲響，所以仔仔常常縮在角落，很可憐的樣子。有天我回家，媽媽說仔仔跑掉了，原來仔仔亂尿尿，爸爸把牠打一頓，然後牠就逃出家門了。記得那時我哭超慘，非常傷心，印象中低潮維持了好一段時間。

後來爸媽離婚了，媽媽帶著我和妹妹搬去外婆家「避難」。之後她在我們學校附近找到房子，也差不多是在那時加入教會，整個人狀態好了很多，我好像也慢慢忘記仔仔了。

我的毛茸茸朋友們

國中的時候，我很常撿流浪狗回家，但每一次我媽都會跟我說：「不行，我們家不能養！」然後她就偷偷把狗送人。那時很流行養天竺鼠和老公公鼠，我跟我的老公公鼠感情超好，牠不會咬我，我會把牠翻過來按摩肚子，還會剪自己的襪子給牠當被被。牠死的時候，我難過到不行。

後來我決定再養兔子，因為兔子不會叫，所以我買了一隻偷偷養在家裡，但是我的兔子超會叫，叫聲還很詭異，而且牠很凶，跟我感情不好，一見我就一直怒吼，很可怕。

我本來想說牠會不會是太寂寞了，就再找了一隻小兔子陪牠。先來的兔子叫「噗嗯」，就是放屁的「噗」、大便的「嗯」，因為看了一個漫畫，覺得這發音很好笑，就借來取了這個名字；另一隻兔子叫「噗咕」，個性很正常，結果兩隻兔子感情很不好，噗嗯狂欺負噗咕，牠們後來就相繼死亡了……

我決定再也不養兔子，甚至不想再養動物了，因為非常挫敗。沒想到後來遇到了「牠」。

肚臍的出現

高一的時候我在通化街飲料店打工，那邊有很多寵物店，每天經過我都會跟小動物玩，又興起想養狗的念頭。當時我女友的朋友家狗狗生太多，問我們要不要養，原本只是去看看，結果在一堆博美狗中看到牠，那時我覺得仔仔好像「回來了」。

我媽很氣我又帶寵物回家，直接表明沒要幫忙照顧。狗狗那時很小，要餵軟飼料、餵奶，晚上還會一直咿咿叫，我就獨自一人顧牠。只要我背背包出門，牠就會跳進來，所以我看電影帶牠、騎腳踏車帶牠、喝咖啡帶牠……反正做什麼我都會帶著牠。所以我叫牠「肚臍」，因為肚臍是人體的中心，代表牠是我的中心。而後來我媽也愛牠愛到不行，還在家中幫牠圍了一個專區……

當初我是跟前女友一起養牠，分手時，我很果斷地說會把狗帶走，她沒說什麼。回想起來，肚臍陪伴我很多時期。牠看我分手過很多女朋友，又曖昧了很多女朋友。平常牠不會親近外人，只要有新人住進我家，或是在家跟我很親密時，牠只會在旁邊觀察，直到知道這人會長期出現後，牠會變得友善，感覺像是為我展現牠的包容性。

很多時候我覺得肚臍比較像是朋友，不像寵物。我沒有辦法跟別人說的心事會跟牠講，會跟牠聊天，牠看我哭的時候會舔我，是一隻有靈性的狗。我一直覺得我們是心靈相通的，我跟牠說什麼，牠都會聽，而且會回應，我們之間非語言的默契非常好。

· 18
肚臍是我此生的最愛，牠陪我度過生命中好多個重要階段。

要陪我到30歲喔 ⸺

肚臍的存在感太明確了，我很難想像有一天牠會離開我，畢竟牠已經從我16歲就一路陪伴我。

牠年紀大時，後腳開始有「沾黏」的狀況，某個角度腳就會很痛。醫生說以牠的年紀，還有一點力氣可以開刀，建議先動手術減緩症狀，但不見得會痊癒。開完刀照顧牠時，有天睡前，我抱起牠來看著牠的眼睛說：「我知道你的身體已經體慢慢不行，那至少要陪我到30歲喔～」那時我25歲、生兒子之前。

牠聽了之後舔舔我，我就覺得很安心了，肚臍雖然身體小小的，但牠總是能是給我很大力量。

·19
我和肚臍總是形影不離，無論到哪都
會帶著牠一起。

―――――― 1-6

身體、裙子、龐克風

小時候我很不喜歡穿裙子，我平常不會買裙子或洋裝，因為坐也不方便，蹲也不行，怎樣都不舒服，裙裝沒有辦法像褲裝一樣自由度這麼大，所以我一直比較喜歡中性的打扮。加上女生時常被要求，必須表現出端莊嫻淑的樣子，裙子對我來說等於「表現得體」的象徵，是從心理到身體的一種約束。

尤其青春期發育時，我不知道該怎麼接受身體的轉變。我覺得當女生很麻煩，經常搞不清楚月經來的時間，有外漏的困擾。在校園中，胸部大的女生駝背會被嘲笑，胸部太小的人又會被揶揄是洗衣板，這些都讓我覺得女生的身體很麻煩、很討厭！

還記得某次去同學家打電動，同學的媽媽開玩笑對我說：「妳屁股好大喔！」然後我回到家照鏡子，反覆檢視自己的身材，對於好身材的標準這件事感到疑惑，更奇怪的是，我對自己的身體產生了一股莫名的「羞恥感」，諸如此類的情境，讓我和自己的身體產生距離，更不知該如何接納和欣賞它。

從《NANA》開始的龐克風

我以前是盲從的，比方說流行戴有色瞳孔放大片、泡泡襪、羽毛剪……就跟大家一起追，但多半時候我會刻意選擇寬鬆，不顯露身材的滑板風裝扮，而意識到時尚，則是高中時期去到西門町打工。

西門町很有趣，是各種流行文化的集散地，在那每個人都很努力展現自己，而且是用！盡！全！力！我看到各式各樣的人，每個人都像是從流行雜誌、漫畫中走出來的──睫毛貼四層、眼睛超大、妝容超厚……打扮得超時髦，大家對美都有各自不同的意識。

當女孩想要找一個 Idol 的時候，她其實是在拼湊自己。小時候的我還不知道自己想要長成的模樣，那時我對美的認識，可以說是用漫畫《NANA》拼湊起來的，受到劇情推動的影響，還有 NANA 酷酷的外型，是我心中對於好看的標準，所以我開始追求她的外表。

《NANA》影響我很深，所以那時喜歡的東西都偏龐克風格。除了打扮，我也喜歡 NANA 的性格，我看到她為了自己喜歡的事可以不顧一切，就很想趕快長大，好像長大就可以不顧一切地展現自己，做自己喜歡的事，或是體驗想要的人生。

那時我還覺得「隱藏情緒」是一件很「成熟」的事，因為只有小孩子才會哭鬧，就很想試著不要太展現自己的感受。再加上我偏愛的中性打扮，那時候交的女朋友，都覺得我看起來很「冷血」。

·20
小時候的我總是一身中性的打扮，喜歡表現得酷酷的，將自己的情緒隱藏起來。

·21
進入這一行後，一些穿裙子的時刻，看起來是不是很女性化呢？

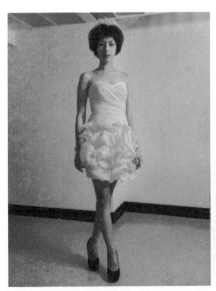

入行之後的審美標準

我很年輕就進入這一行，在這產業，遇到最挑戰的事情，就是要改變過往穿著的習慣；因為角色需要，我必須適應戲服和身體融合一起的樣子，用不習慣的方式展現我自己，那時經紀人為了開發我的肢體感覺，還讓我去上跳舞課。

但我依舊對自己的身體缺乏安全感，我看見產業主流的審美標準——白皙、纖瘦、身材比例、臉的大小等等，像我就時常被嫌虎牙不好看，還建議我去抽眼袋，我不理解大家追求的美為何這麼一致，也無法適應「他們」給予的各種評價。幸好，我遇到一位很好的經紀人，她看見我的特質，而不是挑剔我的不完美。

如果可以，我會對那時的林辰唏說：「不管我們瘦不瘦、胖不胖、美不美，永遠都有一個外在世界的標準評斷妳，但妳要知道妳是安全的。」或多或少，每個人都會拿大眾的審美觀來跟自己比較，或想成為別人想像的某個形象。但這些都無所謂，只要是人都會追求，那些追求會不斷更新，但是要相信，最終都會找到最舒服、最適合自己的模樣。

· 22
為了表演工作，我必須適應各式各樣的造型，讓服裝和身體融為一體。

身體出問題了！

那段時間工作壓力很大，經常熬夜作息不正常，加上抽菸喝酒，臉上長滿濕疹，很嚴重，會流組織液。我看遍無數的中西醫，做了各種檢查，長期服用類固醇治療，還試過民俗療法排毒，都沒改善，甚至一度跑去泰國拜四面佛，想盡辦法要修復這副壞掉的身體。

我意識到自己這麼年輕，身體就已經走下坡，我想要繼續表演，我不想這麼年輕就息影！！！走投無路的我，回過頭檢視平常的生活飲食，想知道我到底對自己做了什麼？

感謝這「疾病」，讓我將自己從裡到外大整理了一番——吃飯的習慣、養生的作法、早睡早起……鼓勵自己嘗試任何「善待身體」的方法，可喜的是身體會知道，我的健康狀況也隨之改善。

在此獻上一句老生常談：「永遠別賠了健康，那是最大的失去。」這是真的。

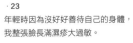

· 23
年輕時因為沒好好善待自己的身體，我整張臉長滿濕疹大過敏。

─────── 1-7

誤打誤撞進了演藝圈

其實我從沒想過會成為演員。高二時我在捷運站遇到經紀公司的人，遞給我一張名片，希望我到他們公司拍試鏡照。其實不是第一次被經紀公司的人在街上搭話，不過這次感覺比前幾次來得有誠意，我就答應了。那時，我還不滿 18 歲，所以找了媽媽和我一起去他們公司，拍了一些照片和影片。

同一年《我愛黑澀會》很紅，有工作人員問我想不想上節目，我其實沒什麼興趣，不過因為剛好聊到我會打爵士鼓，他們就鼓勵我去表演才藝，說會給我 1,500 元通告費，我覺得還不錯就去了。

加入《我愛黑澀會》大概 1 個月左右，我就被淘汰了，我在節目上完全沒有表現欲，總是想睡覺，被淘汰很正常，但也因此有了跟娛樂圈的連結。之後我參加《我猜我猜我猜猜猜》的「少男系少女」單元，有點知名度後開始接廣告，那時候我覺得滿好的，廣告待遇不錯，可以在短時間內賺錢。

2008 年，我拍了一支機車廣告「彎道情人」。導演覺得我的氣質很適合這個角色，可能那時候很少廣告演員可以臭臉，大家比較容易記得我。不過我真正進演藝圈是拍了電影《第 36 個故事》，那年我剛滿 18 歲。

· 24
拍攝電視劇《妹妹》飾演高中生的青
澀模樣。

· 25
拍機車廣告時我擺出一張臭臉，結果
反而讓大家很有印象。

表演是一件忘我的事

一開始我對表演這件事情完全沒有想法，不過當時的經紀人很用
心，特別請了表演老師幫我上課。我那時的女友其實不太支持我當
演員，因為跟她相處的時間會變得比較少，所以我也很猶豫。

當時我和她在西門町擺攤，賣手作的東西、首飾、文創商品和小物，
賺滿多錢的，一天可以賣到 2、3 萬，也想要自創品牌。不過我還
是跟女友說：「讓我試看看演戲吧，最多 5 年。」想說，5 年後我
也才 23 歲，還是很年輕。

原本以為我會跟女友擺攤一輩子，沒想到一演《第 36 個故事》就
愛上，無法自拔，發現演戲是我今生最想做的事情。

演戲跟我從小喜歡畫畫的感覺很像，表演的當下感覺非常美好，可
以很單純地投入某個情境，沉浸在裡頭，非常忘我，沒有時間和空
間的束縛感。每拍一部戲，感覺就好像跟團隊一起築夢，把戲演好

很有成就感，以至於《第 36 個故事》殺青時，我空虛了 1 個月才回到原本的生活狀態。

好幾年後，《第 36 個故事》的導演蕭雅全跟我說，我之所以被選上，是因為試鏡時角色的獨白，講的是一個謊言，但我把這個謊言說得跟真的一樣。後來我發現每一次表演就像在創造一個全新的自己，那時我也明白，原來我的演員旅程開始了。

· 26
《第 36 個故事》中我扮演桂綸鎂的妹妹，演完之後，我體認到表演的忘我感覺，開始愛上演戲這件事。左圖為當時的電影海報視覺，及拍戲時劇組幫我慶生的自拍照。

不適應當公衆人物

我雖然很喜歡演戲，但非常不適應成為一個公眾人物。小時候雖然我算是網路紅人，但那是躲在「無名小站」後面，展現自己的時候沒有約束，想上傳抽菸的照片也沒有人會覺得怎樣。但當你成為公眾人物，同樣的課題又回到了我身上。

從小到大，只要有任何人事物想綑住我，或壓制我的時候，我就沒辦法再繼續下去。所以當時我很猶豫，該不該符合這個框架、要怎麼滿足大眾或廠商對我的期望，最初的過程其實很痛。

我感覺又陷入小時候的狀態——當大人告訴我，這個東西在這樣的情況下不行，我就會想反抗。不過我當時的經紀人很厲害，她給我空間跟期限，慢慢扭轉我的想法。因為她很喜歡我本來的狀態，不管是外表、個性或身上的特質，不像有些人硬要把我弄得不適合我。所以她鼓勵我嘗試不同風格，教會我化妝，陪我練習穿高跟鞋；在工作方面，她會試著放大我的個人優勢，讓我被看見。

· 27
很多時候，演藝工作會將你打理成其實不適合你的樣子，這是一個過程。

娛樂圈的體制和框架

我從小就是個懷疑體制的孩子，對於教育過程裡大人堅定的理念很
困惑。在那樣的年紀要我去真的看懂演藝圈的運作法則，或是經紀
人對我的苦心，是很困難的。我就是一個青少女，我的世界只有自
己，只想要展現自己。我是個在街頭長大的小孩，所以對大人世界
的框架或規矩特別有戒心。

但經紀人了解我的個性，她刻意跟我保持一個舒服的距離，我也開
始懂得反省自己在工作上的矛盾和衝突。那段時間我真的學習到很
多，可以算是我人生的精華。

我也慢慢地從那個時間點長大，愛上當演員，慢慢地長成了現在的
林辰唏。

·28
關於表演，關於自己，那時的我還在
摸索，想把真正的「林辰唏」長出來。

隨筆③

海與天，你與我

—

海洋對應天空的藍
猶如鏡子對應出自己。
真實且有力的存在
我們是顆星球，
萬物互相呼應。
正反兩面的關係裡
共生共存互相對應
就像仰望天看見海
望著海看見天日
我是你，你也是我。

如此是一。

chapter

REGENERATE

再生

有一股力量在我體內，
流竄在我的思想、我的血液裡……
來自大自然的力量；
真實的情緒，
內心的孩子。

我們持續學習、接收、放下，緩慢地進行著。
不疾不徐，循著最根本的模樣飛舞著，
消逝在風中，顯現在天空上，落在扎實的泥土裡……

這是生命的流動。

—————— 2-1

巴黎、世界、流浪漢

我對這世界的印象是從演員工作開始的。

我喜歡探險，20 歲之前，只要能藉工作出國，就算報酬不理想，也會拜託經紀人答應。對那時的我來說，出國是認識世界的方法，加上喜歡用照片寫日記，只要來到一座陌生城市，那種前所未有的新鮮感，總能讓我玩得很盡興，有時一天會拍超過 4 百張照片；記得某次去「釜山影展」，我帶相機四處亂逛，還不小心誤闖當地的紅燈區……就忍不住偷偷地拍起照來。

出國工作總會發生一些趣事，有時那是來自我的「不受控」。當年因為電影《第 36 個故事》去「東京影展」，首映時，我和導演蕭雅全在影廳外等了很久，小時候的我不習慣踩高跟鞋，到了台上，拿起麥克風，開口第一句話不是打招呼，而是對觀眾說：「我可以把高跟鞋脫掉嗎？！」結果現場響起一片熱烈掌聲；事後導演半開玩笑說，他覺得我「好奇怪」，去影展穿得這麼漂亮，卻要打赤腳和大家訪談。

·29
19 歲時我一度想去紐約讀設計學畫畫，順便看看這個世界，但我始終放不下媽媽。

我想看看這個世界

喜歡出國,喜歡拍照,加上有玩當年風行一時的「flickr」網路相簿,
接觸到世界各地的攝影、插畫、設計作品,因而渴望了解更多,我
興起去紐約學插畫的念頭。

有一天我告訴我媽,說想存錢去紐約念設計,結果她 3 秒鐘落淚,
跟我說:「我知道有一天妳會離開我,但我希望不是現在。」那年
我才 19 歲,心中隱隱覺得「我應該這輩子都離不開她」,卻也因
此發現,原來我跟媽媽的關係如此緊密。

為了滿足看世界的渴望,除了藉工作之便,就是存錢出國旅行。有
次我想到巴黎玩,那時已經認識了林導演,知道他曾在法國念書,
就問他對行程有何建議,沒想到他竟提議說:「不然我們一起去
吧!」當時我們還沒正式在一起,兩人就約定,如果可以一起旅行,
就往下走,不能就分道揚鑣。

我那時覺得這想法很酷,想說就試試看吧。這不僅是一個實驗,也
是一項考驗,旅行能了解最真實的彼此,能觀察對方的品味,遇到
事情的態度和反應,還能看見一個人的生活細節。就這樣,我人生
第一次自助旅行,就在一邊玩一邊藉由旅程確認關係能走多遠,翻
到下一個篇章。

巴黎旅行初體驗

巴黎的城市氛圍很優雅，雖然遊客很多，但和我在電影中看到，結合自在與古典的感覺沒太大不同，依舊保有印象中 19 世紀的沙龍感——叼著捲菸頭髮凌亂的年輕人、穿搭時尚很 chic 的女性、優雅地在路邊喝咖啡的觀光客……各式各樣的人都有，偶爾還能聞到街頭上的尿騷味……我很喜歡這種豐富混雜的感受。

林導演問我想不想上艾菲爾鐵塔看看，我討厭人擠人，就拒絕了他。我對旅行的認知，不是去看觀光景點，而是想深入去過當地人的生活。接著他又挑戰我，問說要不要遊塞納河？原本我也不要，但他很堅持，要我去看看那有多美。

到的時候已經近傍晚，船上點著暈黃燈光，一開始覺得氣氛還不錯，但入夜後出沒的飛蟲，被光線吸引，開始群聚我們身邊，而且越來越多，「哇！這真的很不浪漫欸！」我揮舞著雙手驅趕蚊蟲，口中一邊碎碎唸地嫌棄，但我們還是笑得很開心。

· 30
巴黎混雜豐富的城市氣息，令我深深著迷不已，我愛巴黎。

喜歡法國人自我的一面

林導演帶我去他法國朋友的飯局。法國人吃飯可以吃很久，他們 6 點就開始吃，吃到晚上 10 點還在吃！餐桌上，他朋友幫我取了一個法文名字叫「Mathilde」，有「戰鬥中的力量」的意思。多半時候他們都在講法文，我聽不懂，就拿著一瓶酒一直喝，喝到半茫的時候，我用英文對他朋友說：「下次一定會學法文來跟你聊天！」這個半醉半醒狀態下的誓言，開啟我日後自學法文的旅程，也讓我對這民族有強大的好奇心。

我欣賞或嚮往法國人的一種狀態——他們可以很傳統，但同時也可以「很自我」。我發現，他們會很盡情地表達自己，完全不在乎別人的看法，可能因為身為公眾人物，我們的人生太常被介入或被指

指點點，當時我真的好喜歡這種「事不關己」，同時又能包容彼此差異的狀態。

有時候，身為亞洲人的我們經常被訓練，要先以外在環境的人事物需求為主，很容易忽略自身的需要和感受，可是我認識的法國人都很直接、很做自己，他們勇於表達自己的感覺，即使意見相左也不往心裡去。或許這只是我觀察到一個切面，但這樣的待人處世哲學，卻讓我感覺很舒服、很自在。

·31
喜歡法國人自我自在又能包容彼此差異的生活哲學，我開始學法文，也愛上這民族。

在巴塞隆納的生死與共

我和林導演一路愉快地玩到熱情的南歐，先是到了巴塞隆納，當時因為經濟崩盤，街頭有許多抗議場景上演，不過因為那年「歐冠盃」（UEFA Champions League）是在西班牙舉辦，所有巴塞隆納的人都在等待比賽那天到來，每人臉上彷彿都寫著「來了來了！最重要的日子要來了！」的高昂情緒，整個城市充斥著嘉年華的躁動氣息。

在那情境催化下，我們也到酒吧看轉播賽事玩到通宵。凌晨步行回旅館途中，看到一位帶著狗坐在路邊的流浪漢，當下不知為什麼，我很想要拍他，才剛按下快門，那人突然跳起來，將我的相機打到路邊，勒令要我刪掉照片。

他非常高大，身旁的狗也很大隻，看起來像是喝醉的樣子，他慢慢地逼近我們，其實……有點可怕。這時，林導演立刻抓住我，擋在我身面說：「妳快點走！」當下我覺得應該要和他同進退，就回說：「我不走，我們一起！」

接著對方推了林導演一把，就在我要準備上前「理論」（雖然未徵詢對方同意就拍攝，我也理虧）……在那兵荒馬亂之際，突然出現了一名蹬著高跟鞋的辣妹，她先是用力推開那名壯漢，再用西班牙話連珠炮罵了對方一番，然後轉過頭用英文對我們說：「今天人很多，你們自己要小心。」（哇靠～超帥！）我們感謝了她一番，趁機溜走。

事後林導演說，他沒想過當時我會一起「生死與共」，不過我也很感謝那時他很勇敢跳出來替我解圍啦。

那一個月的旅程中，有各種讓人印象深刻的場景和事件，更讓我們見識彼此不同的樣貌，這一段期間，我們好像沒經歷過任何磨和的陣痛期，也早已忘了出發前約好的「測試」。當然，在那之後我們不但沒分開，往後的每一年，我們都會規劃一次一個月的海外旅行，就這樣連續了 10 年。

·32
巴塞隆納的城市活力讓我印象深刻，驚險的「生死與共」際遇，更是令人難忘。

─────── 2-2

最理想的狀態

20 歲之前，我發現感情是我人生的 bug。

小時候我對情感的渴望非常強烈，我想談一場轟轟烈烈的愛情。認知中的愛情必須要有「傷害」和「瘋狂」才能成立，必須要用很「激烈」的行動去證明，但我總無法被滿足，然後就會出現很多重複性的「情境」和「情緒」，好像這樣才能感覺到愛與被愛，這樣愛著才有意義。

那時，我經歷過幾段不太理想的關係，以往的慣性是，當對方做了一件傷害我、讓我難過的事情後，我通常會加倍奉還，然後繼續互相折磨。有時我可能還是愛著那個人，但因為不想繼續這樣的輪迴，所以寧可心痛和對方分手，再好好檢視自己到底怎麼了。

我腦中浮現的疑問是「我到底想要什麼樣的情感？」「為什麼我總無法獲得滿足？」「為什麼我的愛老是這樣？」「難道這真的是愛情嗎？」「到底怎樣的關係才是關係？」當時我因為沒答案，就選擇讓自己沉澱很長一段時間……

我是感情中的救世主？

那段時間是我感情上最長的空窗期，大概快一年，我每天都在想這些事情，反覆檢視自己的感情狀態，發現我好像有「救世主」情結。

在感情中，我總試著讓自己去照顧對方的情緒，想讓自己成為對方的依靠，我天真以為自己能成為那樣的伴侶，以為那是理想狀態，可是沒有，我根本什麼都沒想清楚。當時我真的太自以為是了，我怎麼會覺得自己有能力承接別人的問題、責任、課題？

我對愛的需求很大，之所以願意承擔他人情緒，來自於我也渴望「被需要」，但我始終無法獲得真正的滿足。我又總一廂情願地希望能透過別人得到滿足，或希望對方能無條件接納我，滿足我的不安全感，結果我們都讓彼此失望，接著雙方就會陷入「拯救」→「不滿足」→「爭執」→「原諒」→「裝沒事」的無限循環，這不僅無法解決根本問題，我也因此深陷混亂和疲乏之中，對方更無法停止那自怨自艾的負面情緒。

我很懊惱，為什麼愛總會變成傷害，我意識到如果繼續這個模式，不只是消耗我自己也會拖垮對方。但那時我們都太年輕，不僅無法成熟面對問題，也沒力量解決問題。從中我也體認，自己在情感中其實非常脆弱，我渴望愛，卻永遠無法欣賞和愛自己。

所以我消化了許久，發現其實我想要的很簡單，我要很放心在這個人面前做自己，而他依舊可以很愛我；我想要在一個人身上得到尊重，並且還能夠保有我自己。然後他出現了。

單純快樂的自在相處

我 21 歲的時候認識林導演，然後在一起一直到現在。我們生了一個小孩，但沒有婚姻的約束。我們是拍戲認識，他是《殺手歐陽盆

栽》的導演，一開始的關係就是互相陪伴，偶爾滾滾床單，偶爾聊聊天，偶爾聯繫，不用很密集。當時我們沒有很直接說要一段關係，而是沒有負擔、沒有責任、沒有承諾，沒有任何需要交代，很自在的一種距離，想幹嘛就幹嘛。

隨著時間拉長，關係會很自然走向越來越緊密的狀態，大約 3 個月後，過年時的某一天，我們碰面聊了許多事，聊到婚姻和各自的感情觀，即便擔心會有一些不利於我的閒言閒語，但如果能維持單純快樂的相處方式，雙方都覺得可以繼續嘗試，所以某程度也算是確認了關係。

林導演從不會讓我感覺到不安全感，或是有任何的擔心害怕，我也不用像過往那樣花很多力氣照顧對方情緒。他更開啟我對很多事情的好奇心和興趣，在一起的時候，我們只要單純地分享彼此就夠──聊聊日常、聊聊狗、聊聊最近吃什麼、哪部電影好看、看了哪一本書，或是要不要一起去旅行，要去哪裡？

當這段關係逐漸走進一個理想的情境，有時我也會感到困惑，那不是一條我熟悉的路徑，我不禁懷疑真有這麼好的事情發生嗎？

人總會習慣某一種思考模式，習慣某種被愛的方式，或是談戀愛的情境，但這次戀愛對我而言是一個全新的世界，我們自在經營，因為好像根本不用經營，我們見面的時候開開心心，專心互相陪伴，對彼此的要求只有這樣而已。

沒想到我們就這樣在一起 13 年，我從他身上學到了很多東西，他完全讓我自由展現自我。他大我 17 歲，知識淵博、學識很高，是個包容性很大的人，因為有他的分享，我看事情的角度變得跟以前不一樣。在我跟他的感情關係裡，我們的不一樣是被尊重的，我們能用欣賞的角度看待彼此的不同。那時我體會，我們可以不用刻意成為自己或對方理想中的樣子，而只是單純地被愛著。

關係就是在照鏡子

在生命中，或許你會遇到一位「靈魂伴侶」，即便在各自人生道路上，你們會一起成長，像是夥伴，但也有愛情。這人能讓你成為你想要的樣子，和他的關係不需要契約、承諾，更不需用任何方式證明──給自己或別人看，你們只希望對方和自己都快樂。

我很像他的鏡子，他也像我的鏡子，跟他相處我好像更認識自己。在互相分享的過程、共度的時間裡面，我們透過彼此的眼睛，成為最真的自己。

關係就是在照鏡子，所有關係就是透過別人不斷去認識你是誰，不斷地看清楚你自己的渴望、貪婪、所有的不安全感和自己所有的愛恨。就像我在過往愛情中產生的負面情緒，包含慾望、憤怒、孤單，其實都是我自己的。如果我們有足夠的力量去看見，就會知道這些感覺都是在自己內在真實發生的，但我們是不是能學會用更好的方式去表達、展現自己？

當然，每一個人都是自私的。這不是貶抑，而是客觀的事實，那些看似好的決定，都是為了我們自己，即使在關係中說為他人好，也都是在滿足自己。

在我了解關係中自己真實的面貌後，我體悟在衝動和不理智情況下發生的愛情，在未來的未來還會變換很多形式，於是我試著長出體諒和仁慈，試著去欣賞不同階段的彼此，試著成為一個好的夥伴、家人、愛人。

· 33
我 21 歲拍戲認識林導演，就這樣在
一起至今，他是我的理想關係嗎？

TT

—————— 2-3

開放式關係？

我和林導演之間時常探討人性，我們會很開放地分享——工作到私領域——各種角度的觀察。

我們會聊這個世界和戲劇之間的關係、聊電影要傳遞的訊息，但只談工作太無聊了，所以我們也會聊關係、慾望、渴望——像是「感情中的占有欲從何而來？」「伴侶關係只能有一種嗎？」「外遇的男女該如何承擔責任？」「背叛後的羞恥感從何而來？」「婚姻的約束有何益處？」⋯⋯透過各自的分享，我們理解那階段彼此的觀念和想法。

這類討論時常刺激我的想法，讓我思考究竟自己想要什麼樣的關係。

老實說，經營任何關係都要耗費精神，但出於純粹的愛的時候，我們會包容一個人的全部，愛他的所有好與壞，有時候我們甚至願意成為過客，只為了讓那個我們愛的人，成為他自己，能快樂真實地活下去。我和林導演說這是我想要追求的境界。

他問，如果快樂，如果還愛著，情感為什麼會變調呢？

人們可能會「以愛之名」做出傷害彼此的事。往往我們會期待他人，

以滿足我們對愛或安全感的渴望，然而當你意識對方開始主導你的人生時，利用不安全感讓你感到愧疚，或是用愛勒索讓你留在他身邊，你會想要掙脫。

但最終我們都必須為自己的感受和情緒負責，我不想要進入這樣的循環。

該不該愛上拍戲的對手？

聊到在拍戲的過程中，有時因為投入角色狀態，我會和對手產生情誼──喜歡上男／女主角，我發現這件事其實很人性，我們會對美麗人事物產生欣賞和悸動，這是很自然的一件事。

就像他拍戲時也會欣賞女主角，他也會因為投入而「愛上」自己的演員，對我們來講那是自然的賀爾蒙，是一種自然而然發生的情感。導演去愛女主角，不分男女地去愛他的演員，才能一起投入更多，也會因此看見他們不同的狀態和表演。

當我們討論這件事情的時候，某程度也反映交往初期時對「開放式關係」的共識。

其實最初時我們也有聊到婚姻，剛好我和林導演都覺得婚姻很不人性化，從過往父母的案例中，我看到契約無助於「維繫關係」，而法律系出身的他剛好也和我有一樣的體認，對我們來說，婚姻只是關係中的一項選擇，沒有一定要擁有。我們不將彼此視為資產，不屬於任何一方。

透過充分溝通，我很慶幸和林導演找到了平衡、舒服、自由的伴侶關係。我們決定採取跳脫傳統框架的視野，思考維繫關係應該要有的真正需求，好比說對彼此的關懷、尊重，以作為一個人所需的權利與和平。

為你自己的選擇負責

其實我不知道真正的「開放式關係」是什麼形式，坦白說，因為有
了不約束彼此的共識，反而沒有這個念頭。對我而言，情感的流動
建立在人性基礎上，那是人的自由意志，你的決定是你的權利，我
尊重你的每個決定。

但這真的很看個人，每個人要的關係不一樣，重點在於你想要什
麼？你是否能為自己的選擇和決定負起責任？

當時我們談論「開放式關係」，就是從人性慾望的點出發，我們提
出各自的分析和感想，對彼此很坦誠。我和林導演說，我從不覺得
他永遠只能愛我一個人，我們都可以去欣賞美好的人事物，但要不
要進入婚姻是我們自己的選擇，我也希望他能被很多人喜歡，因為
他的好值得被更多人欣賞。

人性本來就是複雜又模糊的，很多東西不是一加一就等於二，很多
事情很難說。就像你的不安全感真的是別人造成的嗎？別人應該為
你的安全感負責嗎？我們相信彼此都有能力成熟面對自己的問題，
相信彼此可以在心理上把自己照顧好，這份相信是我們情感上很重
要的基礎。

若是我們更細心地去觀察自己、培養力量好好接住自己，我們也會
對身旁的人事物有更多體會，能清楚知道自己的狀態，知道自己在
做些什麼，那時候我們就會做出最適合自己的選擇。我想，面對你
想要的關係時也是一樣。

· 34
我和林導演經常分享彼此對人性的看
法，同時也討論我們要的是什麼樣的
關係。

─────── 2-4

我懷孕了。

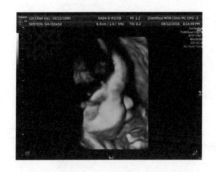

·35
我懷孕了,但我也慌了。

我們在一起 6 年後,我懷孕了。

到了 3、4 個月的時候,不知道是賀爾蒙作祟,還是什麼莫名的原因,我的情緒起伏變得很大,對未來很恐慌,整個人被「害怕」籠罩,但又不知道是什麼原因。

那是不確定自己真的能照顧另一個生命嗎?還是擔心進到「相夫教子」階段,每天過著安逸的、穩定的、務實的生活?因為在這之前,我完全不是那樣的人,我是一個有多少錢就花多少,想去哪就去哪,想要說什麼、做什麼,都不需要為任何人負責。

面對這即將到來的「安逸感」，我很擔心，擔心被束縛，擔心自己無法勝任這份責任，可是又無處可躲，不知該如何應對。經歷許多個日夜反芻，我發現自己對於「家」的概念一片空白。

我們分手吧！

我覺得「家」好像就會變成安逸。我對於「舒適圈」和「安逸感」一直都是抗拒的，我自己的身體、心理都「不服」這些東西。我熱愛新鮮事物，擔心無聊，害怕日復一日的一成不變。所以懷孕到了5個月，感覺離生產日越來越近，但實際生活卻沒具體改變時，我的不安全感突然變得很大，甚至還做了一個愚蠢決定，我對林導演說：「我們分手吧！」當時他可能心想：「這個肖查某到底發生什麼事？!」但他還是很理性地和我對話。

我說：「我好像沒有辦法每天在家煮飯、洗碗，過這種日子。」
他說：「那妳想要怎樣？」
我說：「我也不知道。」

我說：「不然這樣好了，有空你就來看看小孩，我們輪流帶。」
他說：「這也太不公平了吧！」
我說：「對，你說的也沒錯。」

我發現爸媽的婚姻帶給我的影響，使得我看待家的方式很悲觀，但又不知道該如何創造新的模式，我也擺脫不了「家庭主婦」的刻板印象，覺得往後日子會受局限。人們通常會依賴過去經驗去做選擇，因為我毫無經驗，所以不確定該怎麼背起這份責任，去過我想要的生活。

還好，林導演感受到我的不安，在我提分手時，他表達了他的感受，然後靜靜地陪在我旁邊，給了我一段時間獨自消化，等待風暴過去，不然可能會是不一樣的故事……

我告訴他：「我生。」

醫生宣判我懷孕的那一天，我和林導演從診所走下樓，當時我才跟經紀人掛上電話，心中一片茫然，這時林導演看著我說：「如果妳要拿掉，我可以理解，我也會陪妳。」他說完這些話當下，我沒有回應，只是站在路口，看著倒數的紅綠燈，默默感受著他的話。

我很震驚，在我心中他是人道主義者，我以為他會要我留下孩子，沒想到卻因為愛我願意尊重我的決定。於是我問了問自己，願不願意為我愛的這個人，做出改變和嘗試？綠燈亮起，我告訴他：「我生。」那刻起我們的人生就不一樣了。

或許吧，維繫關係就是這麼一回事，不見得是要討好彼此，而是願意為對方多做出一點調整和冒險，看看會有什麼不一樣的風景。因為不論做出什麼樣的選擇、決定，都是為了愛。

6 個月後，我們找了新房子，準備開始同居！

·36
面對我在懷孕期間的不安穩，林導演靜靜地陪伴我，讓我消化情緒，自此展開我和他的人生新篇章。

我是熱衷築巢的雙子座？

過去的我有過同居經驗，但沒那麼適應。我跟林導演說：「我不想要你配合我，沒有必要，我也不想配合你！」可是這樣要怎麼一起生活？

他只是悠悠地說：「沒關係啊～如果妳喜歡，家裡的布置妳張羅，反正我本來就不講究這些。」他真的很不講究，他是個會將飛機上毛毯帶回家蓋的那種人（欸！好像不能拿 >_<），反正就是超～級～不～講～究～

但是雙子座的我性喜變動，我會經常挪動家具位置，搬來搬去，直到我滿意為止。幾個月後，如果又看哪裡不順眼了，會再把它搬去別的地方，因此家中總會出現新面貌！

我不希望在生活上造成他人不便，憂心為這事起爭執，偏偏我又沒法不去在乎這些細節，因為我是一個「熱衷築巢」的人（？），那是我享受生活的方法啊！說來也好笑，因為林導演的不講究，給了我很大的發揮空間，我的心反而因此安了不少（？）。

人格重整的生養修羅場

想當初，我被自己的「恐慌」給嚇得半死，卻發現我並未因此失去自由，安逸生活反而帶給我更多彈性，我依舊能維持投入生活細節的「神聖性」。

也是直到和他同居後，我才體會原來那些美好平淡的幸福，是如此輕巧地在生活中展現——在保有我熱愛的居家布置興趣同時，也可以和林導演一起蓋著飛機上的毛毯，在同一個屋簷下融合得很好。

幾個月後，屋簷下有了新成員，我們生活有了新的變化。

許多人可能擔心會失去自由而放棄生孩子，但我不得不說當母親真的是一件超棒的事，生養的「修羅場」很累但也很過癮，我們能藉此更深入認識自己，根本就是「人格重整」，那會是全新的人生啊！

即便當孩子出生之後，我開玩笑說了一句：「唉～我怎麼生一個人來讓我傷心呢。」我知道，那些自我否定和擔憂都只是過程，因為我早已經深深地愛上這個生命，在他誕生的那刻起，一切煩惱都不重要了。

· 37
我性喜變動，熱愛挪動居家空間布置，總會搬來搬去，直到滿意為止。

—————— 2-5

妳確定要生嗎？

我 25 歲意外懷孕，26 歲生小孩。那時候知道我懷孕的朋友都很緊張，一直問：「妳確定要生嗎？」「妳不要虐待別人啊！」

懷孕是不小心的，完全沒計畫，說實在，我根本不覺得自己可以當媽媽，也不認為能成為一個好母親，我連自己都照顧不好，對這新角色我很沒自信。懷孕前 5 個月，我都處在無所適從的狀態，什麼事都沒規劃，不過老娘的人生從來沒在規劃，甚至來不及規劃事情就發生，就像是被隕石打到，永遠都有意外，這麼想我也就釋懷了。

其實我媽很不喜歡我這樣，她覺得我太衝動，做事和說話都不經思考，尤其當時我這麼年輕，還在事業衝刺期，卻要背負生養的重大責任，她很不以為然，所以知道後的第一個反應是：「我不會幫妳帶喔！」

不知該怎麼辦才好？

懷孕初期，我的情緒變得很不穩定，我是個不運動就很痛苦的人，就跑去游泳、學孕婦瑜伽，讓自己恢復運動習慣，整個人平靜下來之後，身心狀態也安穩了許多。

關於懷孕的大小事我懵懵懂懂，我想了解更多這方面知識，但懷孕相關網站的文章我實在看不進去，知道自己不太可能乖乖照著 SOP 做，一時間不知該怎麼辦才好。

查資料時，我發現了一套叫《助產士三部曲》（*Midwife Trilogy*）的書（BBC 有拍成影集），在寫早年英國助產士接生的故事，書中對生產情境有很詳細的描述，我才知道原來生孩子是一件高風險的行為，但同時間我也體悟，好像應該要朝著「更接近直覺的方式」生產。

一如既往，我用自己的方式尋找屬於自己，也適合自己的方法，我也開始到處找醫生、廣納意見，探索生產的各種可能性。

· 38
我開始游泳、練孕婦瑜伽，讓自己安穩下來之餘，也找尋生產的各種可能。

我想嘗試水中生產!

我在無意間看到一部「水中生產」影片,一看我就愛上了,覺得那應該會是我想要的,然後我進一步研究「溫柔生產」,知道很多懷第二胎的媽媽之所以選擇這方式,是因為她們在醫院生第一胎的過程不是很好。

在還沒找到合適的方法前,我連產檢都不想去,甚至還有點任性地跟林導演說:「這個小孩是我的,他就會是我的;他會怎麼樣,就注定會怎麼樣。」但是他的想法和我不同,他相信科學,認為現在醫學進步,應該要多做檢查。我理解,但我崇尚自然,所以我們就一直在這兩者之間找平衡。

後來,我們達成協議,為了讓彼此安心,我去做他要求的每項檢查,交換條件是我要溫柔生產。即便如此,每一次產檢打針時,我還是會哭,我真的很不喜歡打針啊!

一般來說,水中生產大多是在家裡的浴缸,因為我們家沒浴缸,他也不想我在家裡生,最後就變成,可以在水中生,但要在醫院。我們花了很多時間來回溝通,最後找到了一家能提供水中生產的醫院,關於怎麼生的討論就暫時告一段落。

· 39
看到水中生產影片,我開始研究溫柔生產,知道那是我想要的方式。

開始喜歡上自己的身體

從懷孕到生產的過程中，最大改變就是喜歡上自己的身體。以往我不是個喜歡自己身材的人，那個不喜歡，是我不知該怎麼去喜歡，或是用什麼角度去看待、欣賞自己的身體。

奇妙的是，懷孕後期肚子很大的時候，反而莫名愛上這副身體。當我脫掉衣服的時候，我覺得很自在。那自在的感覺是，我察覺身體中孕育著一個生命——在妳的體內擴張、透過妳的滋養日益茁壯。這過程中，雖然變化和不舒服的感覺同時並存，但是我發現原來我的身體可以蘊含這麼大的能量，我很感謝。

即便出現很多妊娠紋，大腿也開始有橘皮，但我不會因此感覺不好，懷孕的時候我很開心，更體悟到原來自己已經「成為一個女人」。

孕育生命帶來的改變

那時候身體每一個細微變化，都讓我很興奮，每個變化都像是在認識新的自己，從裡到外，我也非常地貼近自己。過往我只有在表演才有這種感覺，如今這份孕育生命的感受卻是那麼的真實。

意外的是我居然開始穿裙子了，當時為了舒適而購入許多裙裝，想當初自己是多麼地排斥，沒想到卻順著情境開始接納不同的自己。

因為之前有過敏的慘痛經驗，促使我想和自己的身體有更多連結，也是直到懷孕和哺乳時，我才發現身體的偉大——它能承擔如此巨大的撕裂和疼痛（我沒打無痛喔），還能自癒，這美妙的過程，讓我不禁想為自己的身體獻上敬意和感謝（獻花敬禮）。

· 40

懷孕之後，我莫名愛上我的身體，也
體悟自己真的是一個女人。

這是我和孩子的新生之日

生兒子那晚，我和林導演吃完牛排，還跑去按摩，回家後我發現肚子有點痛，原本懷疑是吃下肚的食物有問題，但那個痛又不算劇烈，也沒有落紅產兆，我就上床休息。只是陣痛變得頻繁，越來越痛，下意識覺得應該要去醫院待產。

剛好那幾天新聞發布說颱風要來，我也早早和肚裡的兒子說：「颱風要來了，不好叫計程車，所以你要嘛早點來，要嘛颱風後再來，不然我們在路邊生也不好。」果然，他選在颱風前一天來報到。

到醫院時，我實在痛到不行，卻仍然一直告訴林導演：「快去放水！我要水中生產！！我一定要水中生產！！！」只是才剛上床檢查，醫生就說：「不行了！已經開4指！」立刻將我推進產房，可是護士連水都還沒放好，不過短短5分鐘，兒子就跑出來了！

這天是我和孩子的新生之日，生孩子真的只有女人才辦得到，那一刻，我的母性力量就此噴發，長了出來。以前的我，總會想跟這個世界「釘孤枝」，證明自己的存在，所以常常跌倒撞傷、頭破血流。生孩子之後，那個曾經很用力生存的我，好像瞬間成為過去，我學會用溫柔的力量，迎接一個新生命的到來。

· 41
從懷孕到生產，肚臍都是我的最佳戰友，帶給我很大的力量。

· **42**
2016 年 9 月 29 日，經歷了短暫的浩劫，我順利產下兒子，歡迎神奇小子的到來。

隨筆④

我的懷孕週記

—

真的，沒有比造人以及成為人母更加偉大的事了。

經歷撕裂的陰道，
難熬的陣痛，
產後崩毀的身體，
從開始養成到脫殼，
各種內傷和心傷，
崩壞後重建的辛酸和折磨，
人生被摧毀的最高境界！

這麼高風險的事，
在產檯上任血流，顫抖的身體無法靜止，
電影放大了美好的那一面。

種種沉在心底的苦⋯⋯
經歷後，我真的想不出來還有什麼比這更辛苦的？
大概就是瀕臨死亡的病痛吧。
眼看這一切彷彿是好久以前的事，
依稀記得那一晚的氣味和濕掉的床單，
還有疼痛的傷口，
暈眩的疲憊的身軀。

生產這件事，只是開始。
想起來很遙遠，這過程還是很不真實（望遠方），

那時我到底發生什麼事⋯⋯
被外星人捉走了？

隨筆⑤

愛生小孩的女演員

—

女演員到底該不該生孩子呢？

當整個環境都帶著無法消化的焦慮，生了孩子的女演員就只能固定
地演繹某些角色？演藝生涯寸步難行？幾乎走投無路？不再是永遠
的女主角了嗎？

然而經紀人也有同樣的無能為力，各方的聲音產生各種限制的時
候，那些無助和憤怒的探視，到底是枷鎖還是禮物？試想一切都是
選擇不是嗎？

不管是為了維持個人價值還是為了追求權力名譽，這些煩惱阻礙了
一個生命的渴望和完整性。內心不甘心，過往那種「只有一個辦法」
的圈套又像是對我下了戰帖！這是我很熟悉的挑戰啊！這些難處與
掙扎！挑戰我自由的心。

這是一個思想的圈套嗎？還是為了阻止你去體驗生命的另一種面貌
的陷阱……說了這麼多，嗡嗡嗡嗡……如龐大的洪水般，使我偏離
每個當下，將我沖去未來和過去的漩渦裡。

其實那都不重要了———
我在這裡面，看見自己身為產業的產物，還有太多慾望和期待想要
實現……

說真的，我無法證明生孩子的好與壞，

但是我很享受！我很喜歡成為一位母親！這是千真萬確的！

我要用力地踩碎這可笑的設限！

同時也要跳進洪水滾入大海，將一切容進我的生命裡面，讓他們成為我的一部分。

在一番糾結，決定順著生命的流動，去臣服此時此刻！

即使很容易被 K.O.，我也相信這之中最好的安排有智慧與愛。

那是母親教會我的事，再多的苦和領悟都會成為過去。

每個矛盾和衝突都是考試，是生命的考題，給我機會去體驗和超越。

無論在這個產業我是否被取代，都不重要了。

重要的是，我怎麼看待，我如何看待？並且從中學習和感謝。

生命為什麼是平等的呢？去看看死亡就知道了。

越是怪罪外面一切，越是顯得自己無能為力，

越是想要控制生命，越難隨心所欲。

這份珍貴的體驗讓我學會游泳，

不用把別人當救生圈。

如果你因此成為一座島，那麼這將會是一件很美的事。

—————— 2-6

哺乳 VS 妨礙風化

不只是懷孕生子讓我感觸很多，我有很多的體悟也來自於「哺乳」。

我一直堅持親餵，但是一開始，我每次擠出來都只有三滴，非常少，可是我不放棄，一直擠、一直擠，擠到超痛也沒關係。不只妳的身體需要泌乳，也要一直跟小孩磨合，幫他找到配合妳奶頭的角度和方向，這過程中，我們已經用非語言的方式接觸彼此。

剛開始真的很不順，我的奶頭劇痛還流血，護理師一直勸我，給孩子喝一點配方奶也沒關係，不然不只我辛苦，也怕小孩的黃疸指數過高。可是我對這件事很堅持，我不放棄，弄得自己傷痕累累……

親餵是一件非常幸福的事

很多時候，我有一種偏執，因為想要證明自己可以做到，所以會竭盡所能地「折磨自己」。可是餵奶不是這樣，餵奶的機制是大腦要分泌快樂激素，乳腺才會通順，才能分泌乳汁。

我請來專業的泌乳顧問，除了技術性的哺乳方法，他建議我好好休息，心情好，奶就會多。有次我睡很飽，醒來後發現有 10 cc、15 cc 的乳汁，當下我真的超開心！不過因為當時胸部有點受傷，加上奶頭有密集的神經末梢，刺痛感也會加劇，所以餵到我差點搥牆……

但適時地調節壓力、讓身體休息，同時給自己信心，身體會回報你。於是我保持這樣的節奏，持續餵下去，慢慢地也越餵越順，能親餵真的是一件非常幸福的事啊！

· 43
能親餵是一件很幸福的事，好好休息，身體會回報你。

高鐵哺乳事件被罵妨礙風化

那時候朋友問我，為什麼對哺乳這麼堅持？說實話，我的堅持有點膚淺，我不想帶熱水瓶和奶瓶出門。我身體有，那就很方便，不用大包小包的，這樣就能隨時帶小孩出去玩，但我也因此上了新聞。

2017 年，我在臉書分享在高鐵上親餵母乳的照片，結果被很多網友說是「妨礙風化」，說我很噁心。因為被罵、被圍剿，我刪掉經營了很久有幾十萬人的粉絲頁，結果經紀公司氣得要命。

當然，會刪掉粉絲頁不只是因為哺乳事件，那時也有很多人跑來質問我為什麼反核，說我無法體會他們住的環境空氣很差、很辛苦，問我要不要去住住看，吸吸他們的空氣。網友說的話讓我很無奈，但還是耐著性子解釋，反核是因為我對核電廠的建構沒安全感，台灣在地震帶上，如果真的發生萬一，是永遠無法彌補和挽救的事，甚至會影響整個地球。

· 44
那時因我在公開場合哺乳，受廣大網友攻擊，刪除了經營許久的粉絲頁。

接受別人跟你不一樣的想法

在我認知中，人們可以分享觀點，但不用交惡，更無需吵架，但很多網友沒辦法，他們就是要別人接受自己的看法。後來我覺得在網路上溝通這些事，太浪費我的生命了。科技已經進步很多，但感覺人們包容力並沒有變好。我甚至覺得人性的某一些狀態，是在退步的，因為網路可以匿名，所以有許多留言非常可怕、很惡劣，完全是在謾罵。

我不覺得自己做錯了什麼，這個事件只是我當下的選擇和決定，我不認為應該要畏懼或害怕他人眼光，進而迴避自己的本能，但究竟是給予傷害的人有問題？還是你的決定和選擇有問題？大家都是這個社會的一分子，那些潛移默化的恐懼和擔心，為何有能力將你我生來擁有的權利抹除呢？

其實作為一位公眾人物常常無法真實地表達自己，當然，這背後有很多因素，不管是為了討好誰，還是自己做的決定，我們都應該帶著意識去做，都需要清楚知道自己做了什麼，做了什麼選擇，並且完全為此負責。

在日常生活中，我也在許多時刻不停反思，當我和他人持有不同意見時，我是處於什麼樣的感受和想法？我所表達的目的又是為了什麼？而我有沒有辦法做到包容異己？

這時我想起了孩子，我要謝謝他，他的出現拓寬我的「包容」，幫助我用更輕鬆和溫暖的角度看待這個世界。我誠摯希望，我對於「包容」和「尊重」的期許，也必須在自己的身上實踐，如此，我所嚮往的和諧才可能得以實現。

隨筆⑥

我是誰？我在哪裡？
原來我已經成爲一位母親。

這個標題只是想要顯示，在認知自己是一位母親的過程所發生的種
種事情……有多麼的奇幻。
至少對我來說是這樣的。

作為母親，腦袋的轉變不聽使喚，很自然地不同了。
我無需準備，無需訓練，常常……會這樣想……

漂亮的大耳環戴上，兒子是否依舊能安然地躺在我肩上？
或這可能拿來變成他啃食的東西，
更別說項鍊？妳不會還走龐克風帶著刺和鉚釘一邊哺乳吧？
漂亮的衣服穿上了，吐奶連連、黑麻麻可愛的小手摸摸……
嗯嗯……不如穿點簡單點的吧。
家中長「角」的東西都變得顯眼，到處妳都會看到桌腳、櫃子角、
正方形與長方形……

神經好像裝了某種探測雷達，關乎到妳所愛的一切都使妳敏感。
了不起的話……妳一整天有 8 小時應該都在廚房備餐、煮飯、洗碗，
而且只買有機品。

這不是什麼神聖的犧牲奉獻，妳就是會很自然地變成這樣～
咦？電風扇的「洞」變得很大！
妳可能對那些有「洞」的東西產生很多危險的想像……
那些東西會變成碎肉機？
常常在試溫度的時候燙傷自己；
紮起頭髮隨時準備作戰；
沒吃菠菜卻力大無窮；
抱一隻狗＋抬嬰兒車＋抱睡癱的小鬼？

貪心一點手肘上還可以掛一包剛買的東西？

還有，千萬不要太好心提供太多意見！
任何指教妳都會覺得可笑……不屑？
要不是產後憤世作祟，不然就是妳真的只想好好睡覺休息？
那種感覺就像有人在往打妳巢裡的蛋打主意，謝謝惠顧唷。

不久後……
手機都是小鬼的照片，深怕錯過任何可愛的瞬間，睡覺的可能就有
10 張，吃得髒兮兮、躺著、趴著、站著的 20 張 etc. ……
沒事就一直在回味？感嘆孩子長得真快。

時間好像在孩子身上裝了加速器！

作為一個母親有很多時刻對自己過意不去，所以我們狠狠地檢視一
切，反省！能多狠就多狠，用力地鞭策吧！爽！
畢竟是新手嘛～真的很投入呀！另一半偶爾變出氣筒，生悶氣？
幻想著勸妳多做一點，乖乖閉嘴（笑）

有時候會想「我發誓！！！我絕對不想成為母親那種母親。」這種
自大的想法！卻總是不小心的，有著一樣的擔心和行徑。

「母親」多麼艱難的角色啊！陽剛溫柔優雅集於一身，這還是人嗎？

其實只是想確保自己在乎的事情被我們照顧得很好，
於是盡可能地打理、振作、調適、崩潰又重生、比誰都敏感，
在乎的事情，更換了順序，自然而然地，成為一位母親。

而你知道嗎？即使外在的一切翻雲覆雨、槍林彈雨，回到孩子身邊
的那個我，就像回到了最輕鬆簡單的心。

我們所學習的不只是作為一位母親，還是作為一個人的開始。

隨筆⑦

搬到花蓮

October 1, 2015
－
新生活展開了。

今早恍惚著，一整夜不知道在適應什麼但就是沒有睡好……

摸來摸去，本以為可愜意地在廚房喝個咖啡，然後去上班。

早上的空氣很好聞，站在自家陽台伸伸懶腰，看著街坊鄰居一個個開始各自忙碌著，鳥兒啼鳴，吱吱喳喳地像是在催促著一天的開始。

結果怎麼也想不到，有點小來不及……哈！

不過還是去買了早點。

一路巷口轉呀轉的，無心挑選，就買一間離家最近的！結果一下車轉身，即刻被震驚了！

我眼前的是……壯麗的山脈！在繁榮的街道上、車水馬龍的巔峰狀態下！

大山穩固地在前方，連綿不絕清晰可見，像是包覆著市中心，很有朝氣的樣子。

我看傻了眼，模模糊糊不知道這是否真實，我開始有點興奮接下來的日子，買了早點然後準備離開，離開時我還是站在巷口的馬路邊眼盯著這美麗的風景，心裡無比遼闊。

匆匆到了後站，每個光和影都掠奪著我的視線，我想停下來多感受一下，多發掘一點，但真的來不及。

帶著想要嘔吐又驚慌的步伐奔向第一月台，可是我的臉掛著笑容！

我暗地跟自己說好了，很快地我就會習慣，並且我已經開始喜歡這樣的日子。

Très sympathique et Bonjour!

─────── 2-7

家是一張被攤開的地圖

我一直在尋找適合自己的居住方式。

23 歲那年我接了《星座愛情雙魚女》，那部戲是在花蓮碉堡拍的。因為戲的關係，我在花蓮待了 1、2 個月，從那時候開始接觸大自然，單純只是常去溪邊、海邊玩就感到非常滿足。那是我與自然的初戀。那時我第一次體驗到自然可以療癒人心，不論什麼樣的心情，只要進到自然場域裡都能平靜下來。

不知道是不是因為花蓮的關係，拍完戲後我好像整個人變得比較正面，也沒那麼的憤世忌俗。因為拍戲時交了幾個當地朋友，後來在台北沒什麼事的時候，我就會跳上火車去花蓮。

為了學武術搬到花蓮

有一次逛花蓮鐵道市集，我買了一把很漂亮的弓，認識了一名武術師父。他是太魯閣族人，海軍陸戰隊退伍，曾當過很多企業大老闆的保鑣，擅長不同類型的武術，非常厲害。基於我一直都有想成為「楊紫瓊」接班人的念頭，對武術很有興趣，只是坊間運動都是以健身為主，我想要兼具身體和心理的「修行」。

老師是個幽默可愛的大男孩，只是感覺個性有點古怪，但我們卻很合。我說我想學武術，他說練這個要日積月累，不是一兩天就能學會，得每天上課練習。

就這樣我找到了住花蓮的完美理由，也很幸運，我 2、3 個月我就找到了房子。大約差不多時期，有朋友問我要不要去北京拍戲，建議我可以先住個半年，說很多人都在那找到屬於自己的一片天，不過我卻婉拒了，我的企圖心沒那麼強，當時我心中只有花蓮啊！

在花蓮的第一個家──透天厝

那是我人生中第一次離家，我從來沒有離開過我媽，現在終於有自己的生活了，其實很開心。我在花蓮的第一個家是透天厝，有自己的房間，還布置了一間小畫室，感覺自己好像真正開始獨立了。

那時我還沒跟林導演同居，找了朋友一起合租，除了工作之外我都住那，每天就是開車上山下海、找師父練武術、認識不同生活圈的朋友，體驗屬於自己的生活……就這樣過了兩年。

以往的我限縮在自己的房間，對家沒有想像，但現在可以打理自己的巢穴，好像慢慢知道想要的生活是什麼──我想要可以跟大自然親近的地方，想要吃飽飯可以散散步，想要看到樹木和海洋。

很不小心地，兩年後我懷孕了，因此不得不暫停所有訓練，暫別可愛的師父和師母，感謝他們對我的愛和耐心，雖然我在武術這方面沒什麼長進。

·45
搬到花蓮之後，我有了自己的空間，也是第一次離開媽媽，感覺好像真正獨立了。

找尋「家」的概念

懷孕期間，我都住在花蓮的透天厝，但那時我已經和林導演討論同居，決定和他在台北找房子，一起生活看看。即便當時我對「家」的概念很困惑，也花了很長時間才明白，這份恐懼是來自我不知該如何組成這個家，不過後來我慢慢想通，家也可以是另外一種冒險，一種我可以創造的事物。

我們最後選擇住在民生社區，周邊環境有樹木、散步的公園、游泳池……一切看似非常安逸，但我始終覺得都市生活太物質了，我想給孩子的不只有安逸生活。

向宇宙下了一份訂單

生產後過一陣子，因為拍完戲想好好休息，我跟家人請假兩週，到
美國南加州的沙漠旅行。在沙漠野營時，體會到雖然缺乏文明物質
的生活，我依然能夠知足；而到了夜晚，又見證到無懈可擊的星空，
沒來由地被深深觸動，在流星雨下整整哭了 40 分鐘，那是一種難
以描述的神奇體驗，很像整個人被宇宙給接納了，也釋放原先工作
的疲憊感。

·46
沙漠的神奇體驗之後，我想帶著家人
一起奔向大自然冒險。

那刻的感覺感動卻也悲痛，我體悟到打從人類出生，地球就把最好
的一切給予我們，所有事物從一開始都如此地簡單又美，但我們永
遠只會庸人自擾，看似進步的生活卻也導致更多沒必要的浪費。

帶著這份對大自然的感動，我想展開不一樣的生活，決定要帶著家
人一同冒險。我更想大自然直接成為孩子的導師，讓他能赤腳奔跑、
可以爬樹，或者只要做到不畏懼自然就好。

所以從美國回來之後，我就跟宇宙下了一份訂單，我想要住在「更
自然」的環境裡。沒想到半年後，民生社區的房子突然出現一大群
白蟻，我們就順理成章地和房東談退租。

·47
我想要大自然能為孩子的導師，甚
至可以做到不畏懼甚至能自然。

花蓮碉堡的共居生活

不久後我到日本工作,聽製片提到花蓮有間「海邊碉堡」要出租,想起那不就是我之前拍戲的地方,回國後,我們立刻和房東聯繫,然後立刻簽約。

花蓮碉堡有 8 個房間,但我們一家才 3 人,所以問朋友有沒有興趣認租房間,大家一起來住。我們找了一群有共同理念的人,比方說不怕蟲、不怕蛇、喜歡 Outdoor 的人,一起打造這個地方,最後集合了 5、6 戶人家。剩下的空間還能創造些什麼呢?我就找了朋友一起做有趣的事——成立展演空間,希望能把好玩的事物、好聽的音樂、好看的藝術,從生活中帶入分享給更多的人。

我一直都很喜歡眷村,大家親密之餘也各自獨立。我們把共享和社會主義的概念,帶到這個環境跟建築裡面。從那時候開始,想像中家的樣子慢慢萌芽。

· 48
想像中的家在搬來碉堡之後慢慢開始
萌芽。

家的發生從飯桌開始

我從來沒有跟這麼多人共居，雖說碉堡範圍很大，有很多房間，但是廚房、飯廳還有戶外空間都是公共使用。因為這個碉堡本身的空間設計，它已經變成了一個小村子，大家就一起在那生活，一起吃飯，一起掃落葉，或是一起種菜。

家的發生，是大家一起坐在餐桌吃飯的時候。

從小我媽完全沒時間煮飯，一鍋菜就是吃一個禮拜。到花蓮碉堡後，我發現，大家一起在餐桌上吃飯的感覺很棒。平常不用特別交流，做自己的事，來來去去，只有吃飯的時候，每個人各自帶著今天煮的一道菜上桌，然後一起吃，聊聊近況。無形中那個「家」就突然長出來了，就在一個餐桌上的分享長出來。

我發現，這樣的家也很好，而且它不一定要是同一組人，不同的人會在適合的時機來到。

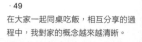

· 49
在大家一起同桌吃飯，相互分享的過程中，我對家的概念越來越清晰。

家是因為人在一起生活

只有碉堡那樣的生活，人才會有互相，人跟人之間的照應和關懷也在那裡發生。我在台北住了那麼多年，樓上鄰居叫什麼名字都不清楚，因為我們不會有機會碰到彼此，也不需要一起打理戶外空間，自然會有距離。

我想要的也不是和人沒有距離，而是喜歡和人交流、分享自己，但我們不一定是彼此的責任，更不一定要維繫一段關係，我們可以在此時此刻產生一種聯繫、一段回憶，因為我們維繫的不是「關係」，而是「聯繫」，這是我們喜歡，跟想要的。

到了這時，原本讓我害怕，關於的家的概念越來越成形。怎麼說呢？家有點像是一張被攤開的地圖。它不會只落腳在一個地方。某次我問我兒子：「你覺得家是什麼？」他說：「家是有人的地方，如果只是房子的本身，就不是家。」家是因為這些人在一起生活，才有意義。

隨筆⑧

誠實的大房子

—

這棟房子，過去是一座碉堡，它背山又面海，一切外在清幽寧靜。
但你絕對不能小看這座歷史悠久的碉堡，它是一棟富含魔力的住
所，它會帶著你去面對一切真實。
你必須純粹、清澈地去除你內心的懼怕以及憂慮，才能體會它。
它是神聖的存在。

在這棟房子裡，外在的東西都會在最適宜的時間衰敗、腐化……還
原它們本來的樣子。
接著從人、食物、房子本身、發生在這裡的一切、以及所有聯繫和
關係，
在它們身上的多餘和虛假都會顯現和褪去。
去蕪存菁留下最好的精華，至少對我來說是這樣的。

包含我自己。

久而久之，你發現你開始從生活中最小的細節，最不經意的時刻，
把自己看得清楚。
這棟房子也教會我，沒有什麼是永恆不變的，我們不需依戀昨日，
不用期待未來……
最終的那個原來的真實，都會在當下顯現，只是我們是否投入、深
入地看見，美好才因此顯現。

這棟房子最終淘汰了一些不合適的能量，留存下來的美好人們以及
美好的回憶，創造屬於它的樣貌。
我們打造了一個空間，這個空間像是小型的烏托邦，帶有社會主義
的風采。
大家分享自己的食物，一起在餐桌上度過了許多夜晚。

隨著四季更迭，隨著潮起潮落，經歷了許多故事，但是大家各自在
彼此的空間擁有屬於自己的一片天。
我們順著流，人來人去，許多生命也在此凋零，但這就是自然，沒
有章法，一切真誠簡單。

這個房子啊，叫做碉堡。
它就是這樣真實地聳立在自然環境裡，經過了許多風浪，乘載人們
的期待、失落、喜怒哀樂種種。

家到底是什麼呢？
可以是一群沒有血緣的人們，聚在一起分享自己，分享食物，分享
回憶，
帶著愛和尊重盡情地體驗，互相照應。

――――― 2-8

自然、大地、活在當下

我很喜歡的兩部電影——《塔可夫斯基：以電影之詩祈禱》（*Andrey Tarkovsky. A Cinema Prayer*）和《坂本龍一：終章》——創作都和自然的連結很深，因為自然永遠是我們的嚮導，我們永遠無法背棄這個地球，那才是最真實的真理。

2017 年，剛生完小孩不久，我和好姐妹們一同前往美國旅行，那時我過度沉浸在工作，回到真實生活有些難以接軌，就和家人請了假，希望給我一個自我放逐的機會。當時我們去了南加州的「約書亞樹國家公園」（Joshua Tree National Park）（前文提及的「沙漠野營」），那是我真正喜歡大自然的開始。

·50
簡單的野營生活，我第一次有真正活在當下的感觸。

活在當下我很快樂

過去的我仰賴物質給予的一切，習慣方便，休閒時大多是在逛街購物。在 3C 科技如此發達的今日，那裡手機沒訊號，所以我帶了一本筆記本，隨時記錄自己的想法，甚至愛上好幾天不用手機的不便利感。

我們在小小帳篷中待了 4 天，我只帶了兩件換洗衣服、幾條地瓜、一包棉花糖、一些蔬菜，卻不會感覺不滿足。那時我有個神奇的體會，我發現人生命中真正需要的東西不多，就能有幸福感了，然後再想想家中的衣櫃和鞋櫃，便懊惱起自己為什麼要買這麼多東西？

在沙漠的早晨，醒來時我們會爬上大石頭，看著日出從一望無際的荒蕪中升起，下午會去沙漠健行，天色暗了就回帳篷煮晚餐，我發現，這樣簡單活著有很深沉的滿足感。回想在都市的生活，我一直忙著用各種方法讓自己快樂，卻不一定能擁有。原來幸福不用倚靠外力大量灌溉，就能單純從投入和享受中獲得。

而過往忙碌的生活中，每天回訊息、工作，打理生活中大小事，很多時刻，其實都很難專注在當下，對生活更不會有深刻的體驗，人人都說要活在當下，這也是我第一次有「活在當下」的感觸。

· 51

在沙漠野營4天，其實不需要太多文
明物質，就能非常快樂滿足。

在黑暗中學習沉默

也是 2017 年，我第一次進入台灣中部的「雪山」，那次登山經驗，讓我對這片土地懷抱強烈的愛意！這樣表達很浮誇，事實上雖然住在這片土地，但我從不知道它的美，不知道它的好。

雪山的地形多變，爬的過程你會飽覽四季特色的植物。我覺得走路就是一場自己跟自己的「冥想」，除了要背負很重的行囊，更沒法跟別人說幫我走個兩步；那感覺就像背負著自己的人生前行一樣，然後一路上會經歷各種氣候，有雨、有風、有太陽，真的很像走在人生的道路上。

第 1 天的行程很累，第 2 天凌晨 3、4 點準備攻頂時，我突然高山症走不動了，朋友要我先到旁邊的森林休息一下。我坐在漆黑的森林裡，四處無光，全部被巨大的樹木籠罩，周遭一片寂靜，我們等待著光的出現。

在被大樹包圍的黑暗中，我不害怕，反而有種很安全的感覺，覺得自己是黑暗中的一分了，那一刻真的很美，很像我在沙漠中的感覺——活在當下，感受到原來沉默可以這麼舒服。那時我想，很多時候，我們真的應該慢下來，學習停頓、學習沉默。

太陽微微升起，天光有一點亮，我的身體也好多了。於是我們持續攀爬，攻頂之後，當我看到那一望無際的雲海美景，我哭了，心想如果沒有自然，我們會在哪裡？如果我們沒法好好照顧自己，好好照顧這些地方，我們還需要關心什麼？

保有和大自然的感觸聯動

在都市長大的我，善於利用金錢、物質或親友的陪伴，來填補內在的空虛和不滿足，這並非刻意，而是習於這模式，卻不清楚那背後的焦慮和不安是什麼。久而久之，你會發現那個洞是無止境的，永遠也填不完。

自然和大地給予我的省思，深深地觸動我的內在，而「沙漠野營」更像是個契機，在那之後沒多久，我就和林導演帶著孩子，一起搬到花蓮壽豐鄉的「海邊碉堡」，我想一直保有和大自然的感觸聯動，那感覺我太喜歡了。

從沙漠和雪山的體驗中，我發現真的可以從大自然中體悟人生道理，也體會幸福不會來自於你買什麼或擁有什麼，幸福可以從一個很小的感觸開始延伸。

· 52
雪山的壯闊、登山的體驗讓我徹底愛上了這片自然大地。

· 53
攻頂時突然有高山症，在森林稍微休息後，終於成功登頂看見美麗雲海。

─────── 2-9

帶著孩子去旅行

因為住在花蓮，我時常開車到處移動，孩子早習慣這樣的日常通勤，加上貪玩的緣故，我很常開車帶他去台東、墾丁、高雄、台中……小旅行，他是我的最佳旅伴，所以在兒子 2 歲那年，我希望能組織一個全家人的旅行。剛好我和林導演正在規劃下一趟旅程，就提議帶小孩去巴黎看看，一方面我們也很久沒回去了，很想念那裡。

· 54
我經常開車帶著兒子北中南東到處跑，他也適應得很好。

說走就走！不停移動的旅程

雖然這次帶著小孩，我還是照著原先習慣的旅遊方式——也就是
「今天先待在這，憑感覺再看下個地方去哪」說走就走的隨意移動。
我們的路線是，從巴黎先坐火車到里昂，然後開車到東南方的阿德
謝（Ardèche），再搭火車去德國；中間會經過很多小鎮，我們喜歡
那裡，就多停留兩天，再移動到下個地方，基本上就是一趟「不停
移動」的旅程。

朋友們聽到我要帶還沒斷奶，每天要換尿布的幼童到處跑，紛紛提
出反對意見：「有事嗎?!他才 2 歲！不要吧！你們會瘋掉！」因
為法國廁所超難找，沒親子廁所，更不會有尿布檯，他們極力勸阻：
「這年紀的小孩就是要帶他住一條龍飯店，有玩有吃有喝，待在那
不要動，你們才不會那麼累。」可想而知，老娘沒有在怕！

收到這些意見，即使知道是友人好心的經驗談，但那個「束縛感」
又出現了，這讓我更想要去試試看，去挑戰看看他們講的真的是對
的嗎？

所幸！兒子完全 OK！那趟旅程我發現小孩的適應能力很強，不用
太多時間就能融入新環境。只是幼童要經常睡覺充電，所以常常躺
在嬰兒車上睡整路，拍的照片也都是在睡覺就是了……

·55
朋友們都勸我不要帶沒斷奶的幼童出
國趴趴走，但我很慶幸自己有做到，
真的超有收穫！

小小幸福——找到我們的旅行節奏

因為想體驗不同類型的「居住感」，旅途中我們住過船上、湖上、樹上、山上……各式各樣不同的房子。有次我們到了隆河附近，住進一間很酷，有兼做民宿的「成衣工廠」，那晚換尿布時，兒子沒來由地說：「我不要包了！」這很奇怪，但他就這樣從此戒掉尿布，感覺像是在旅行中突然「長大」。

我們也找到屬於自己的旅行節奏，除了可以一起到處移動，我們對很多事都充滿好奇，因為不追求觀光景點，也就沒有到哪就一定得做什麼的約束，所以我腦海中關於旅行的幸福時光，都是一些很小的事情。

例如，某天我們來到一座小鎮，已經下午兩點也過了用餐時段，大部分餐廳都休息了，饑腸轆轆的我們，因為尋遍無門找不到地方吃飯，心情開始變得有點差……

這時，我看到一座許願池，提議大家一起許個願，我和林導演都許了「賺大錢」這類很庸俗的願望，不過兒子很可愛，他拿著銅板說：「我希望現在就有肉肉可以吃！」沒想到！我們真的找到一間主廚肯收留客人的餐廳，然後我們還真的有肉可以吃！兒子很開心，他一直說：「真的實現了！那個水池真的很棒！」

我發現人生中最快樂的時光，都是那些不經意的小回憶。那滿足感可以很深刻，雖然都不是很巨大的事情，也不一定會轉變你的人生，可是這樣的小幸福會一直蔓延在記憶中，成為往後的快樂來源。

· 56
因為沒地方吃飯，兒子就在許願池許下想吃肉肉的願望，沒多久之後奇蹟發生。

· 57
為了在旅途中體驗不同類型的居住感，我們住過船上、湖上、樹上……各式各樣的房子。

學習孩子內在的「自由宇宙」

2022 年底，疫情終於緩和，我們再次帶著兒子出國去紐西蘭（之後還有只有我倆的東京電車之旅）。跟過往的旅行模式一樣，我們開著車，從北開到南邊，沿路停靠許多地方。我們還會去走步道、去爬山、去湖泊，或是一整天只待在公園，即便是漫無目的移動，還是製造了許多美好歡樂的回憶。

這時兒子已經 6 歲，距離他上次出國過了 4 年，這期間我們互相學習了好多事情，相較先前任由我們處置的狀態，這次感覺特別不一樣，此刻的他更像是個「旅伴」，每天起床會問今天要做什麼，然後一起討論行程，晚上回家，還會分享當天的心得體驗，突然讓我感覺他好像又「長大」了。

他是真的長大了，能掌握的事情越來越多，他能在旅行中嘗試管理我告知他要負責的事物。這讓我發現，我們根本不需要擔心孩子「長不大」，不用催他趕緊「懂事」，因為他在什麼年紀就會長出自己該有的樣子。

在旅行陪伴的過程中，我也練習給他空間、練習相信他；我們學習溝通，學習互相欣賞，不管吵得多凶，都還是會讓他知道我很愛他，給他時間充分地表達自己。

我更在孩子身上看見「自由」的全貌，看似需要倚靠大人成長的孩子，其實擁有了無限寬廣的內在，他們內在的「自由宇宙」是大人們需要學習的。

這也是為什麼，現在的我，儘管是和兒子一起看《寶可夢》或《玩具總動員》，都能熱淚盈眶哭得比他還激動！情緒能如此自然地流動和展現是一件多麼美好的事，自在地、深刻地活著，老子說保持「赤子之心」，也許就是這種感覺吧！

· 58
6 歲的兒子，在這次旅行中真的不一樣了，他真的長大了，能掌握的事越來越多。

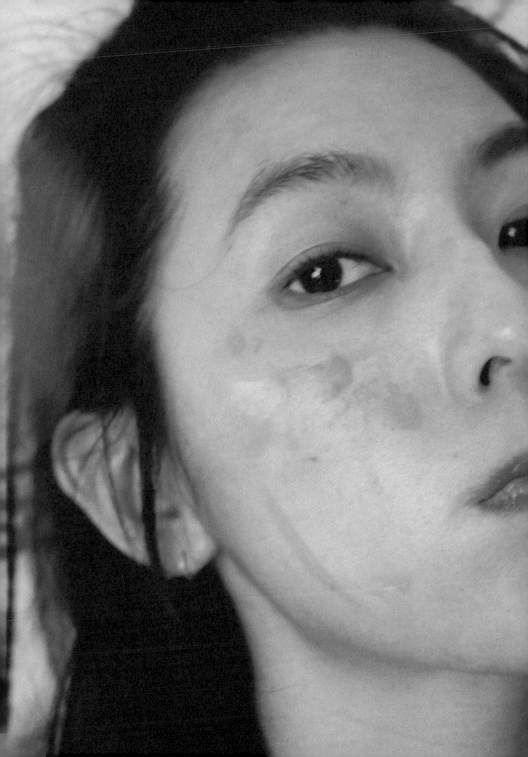

chapter

REBIRTH

重生

無限是充滿平靜的，
學習在每次察覺的時刻，
更貼近自己，
愛就是無限。

在宇宙的秩序中，
我是你、
你是我，
沒有分離。

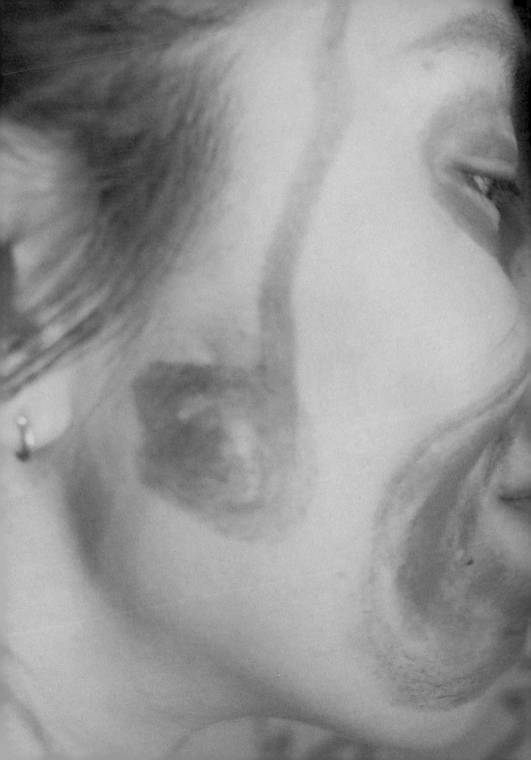

──────── 3-1

性向流動與貼標籤

在我的感情史中，有過和男性與女性交往的經驗，雖然多年前的某次訪談，我的確公開表示自己是「雙性戀」，但不管是「雙性戀」也好，或是「女同志」、「蕾絲邊」，我從來都不想被放在任何一個分類或脈絡下；在我看來，這些代稱都是外界在定義的，因為當這個世界無法定義不同狀態的人事物時，只能將你「歸類」，然後就會找到一個詞彙去稱呼你，為你貼上「標籤」，方便人類去採擷知識或進行研究。

在成長的過程中，我似乎不曾因為性向問題經歷過任何迷惘，或者困擾。應該說，我在不同的關係中，總是順著自己的感覺探索，從中學習到愛，也更認識自己，但我卻不曾為此感到惶恐。國中時我曾帶女朋友回家，很單純地想介紹給媽媽認識，沒想到卻製造了恐慌給媽媽，她的過度反應反而讓我覺得很奇怪。

對我來說，喜歡一個人很簡單，這跟你在什麼樣的情境，被什麼樣的對象吸引有關，至於對方是男是女好像不是那麼重要，所謂的「性向流動」就這樣自然輕鬆地發生在我身上，沒有刻意追求，沒有懷疑，也沒有轉換上的困難。

· 59
在《第一次遇見花香的那刻》劇中我扮演扮演女同志，一直以來，性向也是貼在我身上的標籤。（圖／GagaOOLala、無敵影業 提供）

跟男生或女生交往的狀態

很多人問我跟男性或女性交往的感覺哪裡不一樣，我覺得那是「狀態」上的落差——這裡指的是在心靈層面交流和互動上的差異。

記得國高中時期和男生交往，我通常會「刻意」展現自己獨立自主、陽性的一面去貼近對方。例如出去玩時，如果進行像是跳水、夜遊、去墳墓……這類比較危險的活動，我會表現出一副「我也可以、沒在怕」的態度，想讓對方看見我無所畏懼的樣子。我想那可能來自於想跟男朋友做一樣的事，想融入他的生活，和他的朋友打成一片，所以自己也變得像個小男生，是可以彼此玩在一起的情感交流。

反過來說，如果是和女生在一起，雖然我們也可以很屁孩地一起玩，但我反而更容易流露感性和脆弱的一面，可以毫無負擔地表達自己的內在感受——真實想法或者高低起伏的種種情緒，相對來說整體的狀態是平衡的，我們可以理性溝通，可以感性對話，當然也會生氣咆哮，是能深刻也舒適的情感關係。

如果硬要比較，無論在那個年紀，可能我還是比較喜歡和女生在一起，能將內在赤裸裸地向另一個人展現，沒有絲毫隱瞞，對我來說那代表兩人之間某程度上的心靈交流，那是一種方方面面都能「被接住」，更能貼近彼此的感覺，通常男生很難抓到我這方面的「內在頻率」。

拿掉標籤做你自己

無論是青少年時期在「無名小站」和當時女朋友的合照，或是後來演出過《海倫她媽》、《第一次遇見花香的那刻》扮演女同志，一直以來，性向都是外界貼在我身上的「標籤」，我很理解那是身為公眾人物一定會被討論的事，但我還是不禁思考為什麼到了這個年代，大家仍在討論性向，還在標籤「同志」，或者說我心中的想像

更趨近於不管你是什麼性、什麼戀，都不需要經過分類的世界大同
理想。

我依稀記得，在同婚吵得沸沸揚揚的那段日子，我和母親有過一段
對話，那時我已經有了穩定的關係，母親和我的同志朋友們也相處
得很愉快，於是我問她……

「妳知道最近在吵同婚的事情？妳會去投票嗎？」
「嗯，我知道。我會去啊！」
「那……媽媽，我問妳喔！妳認識我身邊的人也一段時間了，現在
　怎麼看他們的呢？」
「我覺得他們和一般人沒什麼兩樣，大家都在為自己的日子奮鬥。」

在這淺淺的對話中，我很感動，我知道母親的真心感受，知道這些
年來，她也慢慢理解同性戀並非什麼大不了的事。我們就跟一般人
一樣過日子，為自己的生命努力著，能從她口中聽到這些曾經是禁
忌的話題，真的很棒！

這也是我為什麼在金鐘獎的得獎感言提到，祝福全世界的酷兒都能
「拿掉標籤，自由喜悅地做你自己」。因為標籤就等於是在做出「區
分」，有了區分就很難和平。不論我們是站在哪個角度，都應該試
著更客觀、更寬容地欣賞彼此的不同，世界才會變得多采多姿，而
不是讓爭議導致更多苦難。

不管你是女同、男同、雙性戀、跨性別、酷兒……在性別平權的這
條路上，我們都擁有身而為人的權益，如果每個人都能帶著「生命
平等」的意識，好好去尊重、去對待身旁的每一個人，我們是不是
會因此得到很不一樣的回應呢？

在金鐘獎的得獎感言提到，希望全世界的酷兒都能「拿掉標籤，自由喜悅地做你自己」。（圖／三立電視台、無敵影業 提供）

· 60

—————— 3-2

關於環保與永續

過去我是一個物質慾望很強的人，國中時我就會買 A 貨，那時候喜歡《NANA》，所以買了很多 Vivienne Westwood 的產品，從包包到土星項鍊都有。

消費的高峰期，應該是剛開始拍戲的那段時期，因為工作上有很多焦慮無法代謝，只能靠購物緩解，於是看到喜歡的東西就直接買，幾乎不太看價錢，畢竟是衝動性購物，沒想適不適合，沒多久就後悔了……還記得有一次去西藏拍戲，買了 7 萬元的外套，結果居然一點也不保暖……

我也喜歡買東西送人，某次我去 D&G，看到一個幾萬元的包，沒多想就買下來送給朋友。那時用消費來逃避內心煩躁的我，同時也滿足自己的愛慕虛榮，然而那種快樂不長久，反而讓自己的生活陷入一種惡性循環。

由內而外地呵護身心

雖然很愛買包包和衣服,但我對生機飲食已經滿有概念的。(感謝我的大過敏!)

那時身體不太好,所以開始實施養生的生活方式——吃有機蔬果、當季食材,關注天然、來源乾淨的原型食物,也會盡量吃得健康,這些吃下去的東西,似乎成為一股力量。

只是當時我對身體的認識還有一段距離,不太懂得怎麼解讀身體要傳達的訊息,過往習慣就是經常吃西藥,把健康交給醫生,認為他應該要為我的身體負責。

後來我一邊用中藥調理,一邊讓生活繼續前進,直到懷孕後我才大徹大悟,理解身體和我之間緊密的關係,也體悟到一直以來我總是忽略照顧自己,過度自我責備,且太過心急和靜不下心。

所謂相由心生,身心理應由內而外地被仔細呵護,無關你吃多少補品、存款有多少、鞋櫃有幾雙鞋、整形整得多端正,如果不好好照顧自己的心,外力再多也無益。

改變必須從最根本開始

成為人母之後,我改變生活的細節,注重養生飲食之餘,也持續探索情緒健康的方法。美國沙漠旅行回來沒多久,我們舉家搬到花蓮的「海邊碉堡」,當時我還做了另一個決定——跑去台東上了兩週叫做「樸門」(Permaculture)的自然農法課程。

前因是我意識到身體和自然的關係,我們吃進去的食物和我們種植的方式息息相關,加上在美國那段期間,聽朋友分享在舊金山讀完樸門後的喜悅,也陪她一起實作土地的規劃和利用,觀察這些過程,

我體悟，原來很多事的改變必須從最根本開始。

樸門是一種永續生活的系統，不只是運用在自然，也能應用在生活和經營上。透過這堂課的各種實作，我見證到有機的循環是多麼美妙和有效率，我們重新學習了地球科學，走進森林觀察自然，我才知道原來森林本身就有一個機制，所以才能永遠如此健康茂密。

大自然給了我強大的啟發，那我可以為自己的生活做些什麼呢？

· 61
我跑去台東上認識自然農法的「樸門」課程，見證到有機的循環是多麼美妙和有效率。

在生活中做出微小的改變

地球對人類很重要。愛護大自然的精神和價值，是我想帶入自己的生活，並讓周遭朋友和小孩知道的事。我想讓孩子有意識地知道，他的消費是支持了誰，我會跟他說，如果一間糖果工廠因為汙染害死很多魚，汙染美麗的河川，你再也沒有辦法在這河川游泳，你還願意支持它嗎？

我想幫助他從小去思考，這些是生為消費者和地球的一分子，必須要試著了解的事，我一直都相信，對地球好，不只是對環境好，對

自己更有益處。

雖然我不是瘋狂的環保人士，也和多數人一樣，只做到最基本的出門帶購物袋和環保餐具。不過呢，環保不是口號，不是買更多水壺或環保筷，而是真正在生活中做出微小的改變和調整。地球是一個生命體，你活著的方式，和整個地球息息相關。

我非常享受那兩週密集的學習，它不只是分享自然中的生態系統，我還因此認識到很多不同領域，但有共同生活理想的人——有的人在陽台養雞，有的人拋下高薪去務農，還有人為了促進社區復興而來學習。這些交流都非常珍貴和振奮人心。

這份學習經驗，改變了我很多觀念，打開我觀看許多事情的角度，比方說現在我在意的是東西的品質和質地好不好、可以用多久，了解商品的產出過程和理念，盡自身能力去支持符合友善環境或是友善地球的企業或商品。

· 62
在美國那段期間，聽朋友分享樸門學習的喜悅，體悟很多事的改變必須從最根本開始。

把問題變成資源

當然，我的人生旅程會有如此大的轉變，都是孩子給我的動力，我也想讓他知道，他所吃的東西從何而來，我會跟他說，一粒小小的種子會經歷風吹日曬雨淋、四季更迭，我們所澆灌與呵護的養分，最終會成為我們身體的一部分，這是很直接的事情。

自然就是一本大大的寶典，可以教會你人生道理，幫助你健康生活，萬物的分工藏有許多智慧，那就是為什麼食物鏈中每一個環節都不能少。

（雖然我還是會打蚊子……）

當我們深入這片土地，真的會有很多感動。

最後分享給大家，我在樸門的學習裡，有一個環節——「把問題變成資源」，這句話在生活或工作上都給我很大的啟發，讓我不只是解決問題的人，而是一個充滿創意的人。這就是我想要到達的真實生活和面貌。

· 63
我一直都相信，對地球好，不只是對環境好，對自己更有益處。

3-3 ————

生養就是人格重整

看著他那美麗的眼睛，孩子的眼睛真
的好清澈啊！

從懷孕、生子到後來帶小孩的這段過程，很像是人格重整。

孩子出生後你必須學習非語言的方式，去感覺小孩。小時候他不會
講話，但他有很多需要，所以只能靠直覺跟他建立溝通。那時我意
識到，習慣用文字和語言描繪需求和感受的我們，反而帶來理解上
的障礙，因為我們只能根據自己的理解去解讀他人，卻好像很少真
的用「心」去跟別人交涉。

可是，小孩讓我知道，我們確實可以用「心」去理解一個人，或是
靠近一個人，唯有如此，你才會知道他真正的需要是什麼。就像我
可以從他的眼神看見他的情緒，還有他看著你的樣子，即使不說話，
也會有很多不同的感覺正在發酵。

孩子對世界沒有批判

隨著他會講話，我們開始用語言溝通，看著他牙牙學語，我發現有
很多時刻，孩子對這世界是沒有任何批判的，他沒有這麼多的分別
心，那都是大人教會他的事。對他來說，菜就是菜，沒有好菜或壞
菜，沒有好餅乾或壞餅乾。這讓我想起，日本江戶時代詩人松尾芭
蕉曾說：「窮人的眼睛也看得見花」，不知是不是這種沒有分別的
感覺呢？

帶他的時候，我發現自己原來是一個批判性很重的人。應該說，對
很多事情，我都會有一個很直接的好惡，或說個人見解，但我從沒
去探究「為什麼我會這樣想？」或「為什麼我只有在這個角度看到
這個東西？」一切都是那麼理所當然。

教養這條路上，我也開始探究自己的內在，聆聽內心的聲音，我帶
著一種距離去看那個內在的自己，還有兒子的反應。所以當他說：
「媽媽我問妳喔，為什麼怎樣怎樣……」有很多疑問的時候，我很
常被他拷問到無法回答。

有時候我發現自己所理解的東西，很多都只停留在膚淺的表層，只

65
生養就是人格重整，在帶孩子的不同
時期，我都有不同體悟，我們是一起
成長的。

有片面的了解而已，可是我不想應付小孩，我想要認真回答他每一個問題，即便他有排山倒海的疑惑，我都想盡力回應。

也因為這樣，我原先小小的好奇心再度被兒子喚醒，我們常常這樣一來一往的問答。這過程中我也觀察到自己所謂的理解，都只是從我的經驗、課本，或是從某些認知上得到的，好像很可想而知，很理所當然，但是很多事情並不只有如此而已吧？

醫學、科學會不會一直有新的發現？那些我們沒有活過的歷史又是從誰的角度去看呢？客觀的樣子是什麼樣的呢？

在問答之間，我試著維護著他的創造力和想像力，盡量讓他在這過程中漫遊、做白日夢，在各種無聊的時刻迸出靈感，發明屬於自己的遊戲。

· 66
在孩子成長的過程，我試著讓他漫遊、做白日夢，發明屬於自己的遊戲。

包容別人跟我不一樣

進入十萬個為什麼階段時，他問我事情，我就會反問他，讓他自己去想這個問題，讓他發現屬於自己的答案。我也會同時告訴他，我的答案絕對不是唯一的答案，要他去問爸爸，去問大家，他問每一個人的答案都會不同。

有時候，他會想找到周圍和他有相同答案的人，但我會讓他知道，這世界上每一個人的想法，本來就是不一樣的，我們要做到「包容別人跟我不一樣」，這也是我一直在學習的事，我們是一起成長的。

包容也來自互相理解、來自表達，我和伴侶之間的溝通也讓我學到很多，比方說，兩人相處時總會起爭執，雖然林導演不擅長表達自己內心感受，但我會希望他能試著訴說那感覺，而不是覺得作為男性角色，只有忍耐和包容，因為孩子會觀察他怎麼表達，而學到這件事。

·67
兒子問我的每個問題，我都會引導他去思考自己的答案，也會要他問爸爸，因為這世界沒有標準答案。

·68
在陪伴和給予成長空間的拿捏之間，真的很像在跳舞，有太多學習了！

男生幹嘛擦指甲油啦？!

當孩子 5 歲時，有一次他看到我在擦指甲油，說他也想擦，幫他擦了之後，沒想到隔天他去學校卻被同學笑：「男生幹嘛擦指甲油啦？!」他有點沮喪，回到家跟我說了這事，我先是關心他的心情，接著跟他說，我身旁也有會擦指甲油的異性朋友，告訴他這世界上，沒有只有男生或女生才能嘗試的事，如果哪天他想穿裙子，我也會帶他去逛街看看。

我們交流想法時，我感覺到自己貼近他很多。在陪伴和給予他成長空間的拿捏之間，真的很像在跳舞，有時候步伐太多會踩到對方，有時候距離太遠會偏離彼此，在不同節奏下的我們如何交叉，又如何各自發光，真的有太多學習了，非常好玩。

因為他很喜歡閃亮亮的東西，有一年金鐘獎我們在試裝，他看到閃亮的高跟鞋很想要試，後來他很開心地穿著我的高跟鞋走路，覺得很好玩。隔天早上起來，他再去穿那雙鞋，然後跟我說，他想買自己的高跟鞋，我想都沒想就說好啊。

孩子幫助我學會，不要在第一時間對所有人事物產生批判性。現在我會先停下來，先觀察每件事情背後有沒有隱藏的意義，而不是只看表面。我也會思考，難道有批判不對嗎？不好嗎？所有想法的展現用意是什麼呢？不就是為了展現每個人的獨特性，表達屬於我們各自的性格和模樣嗎？

神奇孩子啊，總能不斷激發我內心無窮無盡的想像，他是我的小哲學家。

隨筆⑨

永遠的我們——睡前的小甜蜜

－

2019 年 12 月 5 日

一如往常，一杯溫的杏仁茶、一本睡前的故事，
已經是我們長久的習慣和美好的小時光。

今天就在我們完成這些儀式之後，
我在這冷冷的 12 月天，涼涼的氣候……昏昏欲睡的眼皮……
你忽然和我說：「媽媽，妳可以永遠在這裡嗎？」
我總是很認真地回答這位哲學家。
我說：「當然會啊！我會永遠跟你在一起。」
你心滿意足地準備闔上眼睛。

我很好奇地問：「Bio 為什麼會說『永遠』呢？」
你說：「因為以後妳會去當小星星，可是現在不會，所以我才說永
遠。」
我說：「喔～這樣啊，你放心不管怎麼樣我都會永遠跟你在一起，
陪你唸故事、一起出國探險、一起玩、一起睡覺……好嗎？」

我緊緊地抱著你小小的身體，
感覺你的這些話是大大的宇宙把我們兩個包覆在一起了，
好像就停在這一刻了。

沒有「明天」「昨天」「時間」概念的孩子，
卻了解「永遠」「永恆」詞彙和用法……真是……太不可思議了！

你真是個神奇小子！
謝謝你存在，謝謝你讓我的愛永遠地延續。

3-4 ————

表演是什麼？

小時候我對表演的理解，就是沒有理解。

表演是一個需要百分之百投入的工作，但同時間你又要很放鬆。

拍片前，劇組通常會請表演老師，幫大家做演員功課和順演出流程，但我做功課的方法很土法煉鋼，有點像是邊走邊學，除了靠自身經驗去理解演出內容，我還會做大量的筆記，跟導演有很多的討論，好建構一個我百分之百相信的角色世界。

而當經驗累積到某個程度的時候，過於依賴既有的表演方式又會讓演出「固化」。比方說，我已經設定好這句話要用什麼方式講，或這場戲要用怎樣的情緒去演，可是有時現場氣氛和對手狀態，不一定都在掌控之內，那種發現自己逐漸失去表演「彈性」的感覺，會讓你有很深的挫敗感。

此外，演員在體力上要有很強的「續航力」，你常常要一遍又一遍地重複著，所以有些時候，我也不太確定自己到底演了什麼，導致演出品質好壞參半，狀態很不一致，都是因為我對自己的掌握和了解太淺薄了。

這些都讓過往的我覺得，表演是一個「既僵硬又生澀」且「逐漸固化」的過程。

· 69
過去我常因為表演狀態好壞參半感到挫敗，圖為 2014 年參與《露西》拍攝，與導演盧貝松合影。

「酒神的回歸」表演系統

2018 年中，我意外接演了人生中第一部舞台劇《神農氏》，同台演員還有莫子儀（小莫）和黃健瑋。小莫、健瑋都是科班出生，他們經驗豐富，我在他們帶領的情境下，一起演得很過癮。

因為懷孕之後，我對表演的感受有了很大的轉變，我發現自己看事情的角度變多元，感受力也變得比較不一樣。我所理解的事情是，表演具備人性，反映真實生活的狀態，然後，它也是一種療癒，一種認識自我的過程。

當時劇團請來一位表演老師，聽完我的分享，認為我很適合一種源於希臘的表演方式——由希臘導演狄奧多羅斯‧特爾左布勒斯（Theodoros Terzopoulos）創立——「酒神的回歸」（The Return of Dionysus）表演系統，老師便帶著我一起做了練習。

· 70
《神農氏》舞台劇和莫子儀同台演出，認識讓我表演開竅的酒神系統。
（圖／國家兩廳院 NTCH、無敵影業提供）

表演即是呼吸

記得那時短短練了兩週，我就非常著迷於這個系統，因為它跟我認知的表演一模一樣——「表演即呼吸」。可是，什麼叫做表演是一種呼吸？就是你有沒有意識到你自己正在呼吸這件事，跟你有沒有意識到自己在表演，有異曲同工之妙。

因為我非表演科班出生，沒學過太多表演系統和方法，但似乎也不需要，我只要掌握好身心、好好地投入體驗，很快就感受到「酒神表演」的氣氛。

為了提升自己的表演能力，我決定直接前往希臘學習，這也是我第一次為了學習新知離開家，居住在異地。

媽媽被診斷罹患癌症

2018 年尾，我寄出作品集和老師的推薦信，隔年 2 月左右，我知道自己入選了，就跟小孩和林導演請假 1 個月，開始張羅所有東西，準備啟程。

沒想到 4 月的時候，媽媽卻被診斷出罹患癌症。

那時我已經繳了學費，買了機票，還在雅典租了一間房子。第一時間我就覺得「別去了，媽媽要住院、要化療，我們都必須陪在她身邊」。所以其實已經下定決心要算了，即便房子找了，學費繳了，或許就是沒緣分。

可是沒有，林導演不斷地鼓勵我一定要去希臘。他說，這是一個很不容易的機會，他也知道，我很難得會如此熱衷於某件事，也終於找到我真正想追求的表演方式，覺得我更不應該放棄這個機會。

一直以來，當我們任何一方有想追求的事物時，我們都尊重並且鼓勵對方。即使我忐忑不安，也有些罪惡感，但他說：「妳去沒關係，我來照顧媽媽還有小孩。」他知道如果今天換成是他，我也會願意為他做一樣的事，可是我真的很不放心，內心非常糾結，兒了才 2 歲、母親重病，有太多不確定的因素了……

妳去吧！這是妳的人生

有了林導演的支持，那媽媽呢？

我思考了幾天，對於該不該去還是很猶豫不決，抱著忐忑心情，我決定開口問媽媽。很多時候，當我迷惘時，我都會想找母親聊聊，不論是得到安慰還是啟示，她一直都是我的依靠。

那時她住在家裡，還沒進醫院。我悄悄地進到她房間，她見我進來，我就像回到小女孩的狀態，溜到她身旁，察看她的狀況，再緩緩地說出我的煩惱。

媽媽聽完，先是沉默一會，我擔心著是否讓她困擾？接著她慢慢地對我說：「妳去吧。這是妳的人生，妳就去吧。不要擔心，妳回來的時候我還會在。」

媽媽很重要的這句話，是最後讓我拍板成行的定心丸，雖然家人讓我很感動，但我依舊猶豫，一方面也害怕自己真的有辦法在那邊認真學習嗎？我可能會一直掛心著家裡。

但我應該要帶著家人的祝福，追求自己渴望的事物，即使在這個過程中有遺憾、不捨、掙扎，可是我要對自己的人生負責。就算在人生的岔路上遇到困難，你都要朝著你所熱愛的、熱衷的、讓你悸動的那個感受一直往前。

我要保持正向的信念去希臘學習，我要相信我媽會沒事，所以我帶著這個信念出發了。

·71
帶著家人的祝福，我要保持正向出發
希臘1個月，追尋我內心渴望的表演
殿堂。

─────── 3-5

到希臘追尋自我的旅程

在追尋理想與兼顧家庭之間，如果沒有伴侶的完美搭配，實在不容易將內心的渴望實現。我很感謝林導演的鼓勵，讓我能在人生道路上大步前進。即便當時有各種糾結和考慮，我還是一個人啟程去希臘了。那個「拋家棄子」的我，那個人生中初次獨自在外旅居的我，打理完所有事之後，就這樣出發到一個我完全不熟悉，不認識任何人的地方，當時的心情可說是五味雜陳。

不過呢，過去時常處於變動狀態的我，搬家、轉換生活環境，對我來說並不難，我的生存和適應能力在這時發揮了作用。我也會將自己生活的一些基本模式，加入新的地方，將它們融合成一個全新體驗，讓自己能更安心在那生活。

比方說我會找在地有機商家、超市，回家自己做菜。我也會到處閒逛，自己上酒吧，喝咖啡，東看西逛，上劇院，搭公車去湖邊游泳；或是整個下午都待在屋內，希臘的夏天非常炎熱，出去流汗的都是觀光客，就這樣不知不覺地，發展出屬於自己在當地生活的模樣。

那時候，就好像回到學生時期，對很多事情、很多風景都充滿好奇，整顆心很敞開；還會跟同學一起坐夜班巴士去看演出，也會喝酒、跳舞，就是一些留學生會做的日常。

· 72
帶著家人們的祝福，我拋下 2 歲兒子
獨自前往希臘進修 1 個月，內心萬般
不捨。

· 73
將自己平常喜愛有機飲食的生活模
式，融入這座陌生城市，既讓我感覺
安心又能有全新的體驗。

· 74
彷彿回到了學生時期，希臘的一切都
讓我感到好奇，整個人、整顆心都很
敞開。

· 75
把握機會走訪山城、湖泊、天體海灘
等美景,是一定要的!

紮實的酒神表演訓練

風塵僕僕地抵達雅典，沒任何緩衝，隔天就直接進入表演課訓練；課程的學習時間很長，每天從下午 4 點上課到晚上 10 點，密集的 6 小時毫不間斷，很紮實，但也很充實。

因為練習過程會消耗很多能量，身體和心理的負荷很大，每晚下課整個人累到不行，以至於原本近 30 人的班級，在「第 1 階段」之後，有近半的同學就不來了（也有的同學只選修第 1 階段），但因為這是我想體驗的練習，所以沒考慮過中途放棄。

「酒神表演工作坊」共分 3 階段：第 1 階段是「身體」，第 2 階段「聲音」，第 3 階段就是進入「死亡狀態」，把所有你學會的東西放掉，讓表演從你的身心靈長出來。

講起來很禪意，但學了「酒神」之後，才發現我們都是藉由不同的途徑，去了解同一件事。不管瑜伽、武術、表演，就算你沒有學習這些東西，可是大家追求的都是同一件事──「呼吸」。

你出生從呼吸開始，死了也跟呼吸有關，所有事情都跟呼吸相關，但是我們卻缺乏這方面的意識，無法掌握自己的呼吸，察覺自己呼吸的方式、長短，或者在某些情緒下會用怎樣的狀態呼吸，因為這件事對我們來說，太習以為常了。

· 76
酒神表演系統強調的是呼吸，最後你要放掉你所學的一切，放掉你的思考，讓表演重新長出來。

放掉你的思考！

我們先是從身體開始鍛鍊，去感受呼吸和身體同時進行的狀態是什麼，我們會讓身體在各種變形的姿勢下，同時調整呼吸，讓每一次的動作都能更深入、更擴展、更下沉。我喜歡這個課程是因為它很直接，它的教導是「必須去實踐，而不是理解」，即不用耗費太多大腦的理解，就能展現，這跟我喜歡「樸門」的原因一樣，它們都具備看似簡單，卻含義深遠的道理，有其「實作」的系統和方式，偏偏又很純粹。

老師常常在課堂上對我們說：「放掉你的思考！不要思考！」酒神幫助我從內而外，把身體跟心理的狀態整合起來，因為你身體的條件、聲音的質地、可以做到的極限（甚至超越！再超越！），只有自己最清楚。

在第 1、2 階段我覺得自己的身體素質還跟得上，但第 3 階段最難，因為必須放掉所有學過的東西，讓它自己發生。我一開始能做的就是「複製」，我還找不到能讓它自由自在發生的可能性。

酒神系統讓我更接近心中神聖的表演狀態——一種近乎神性與人性的展現，你的身體和聲音，都能成為藝術的一部分被表現，在我們體內所發生的一切，都能和這個廣大世界產生共鳴。

而當我放掉一切大腦的理解，只剩感受，這些感受就會進入記憶，進行重現或重複，好玩的是你也可以破壞它們。這過程的呈現，就像體內爆炸的煙火，或只是靜止的無，不禁讓我想到《駭客任務》。

啊，如果用白話一點的語言形容，或許你也可以將這解釋為「冥想」。然而，我從沒那麼享受像這樣的學習過程，即便毫無成就、毫無進展，但那不是我所追求的，也不是我選擇這個系統的目的，我想要的是體驗和拓展自我可能性。

先去「體驗」，再建立「理解」

學了酒神之後，我體會表演的感受和以往不同了。

演員與導演需要建立共同的理解，除了充足溝通之外，酒神讓我更加相信自己，相信自然反應的流動，更加知道如何去掌握經驗，了解自己身體的素質，並展開創造力。有了對自己的「掌握」，反而更能預見「彈性」的空間，我的路徑就是先去「體驗」，再建立我的「理解」。

我也從這個學習察覺自己的本質，以前我媽很愛罵我，是一個「不見棺材不掉淚的人」，她老跟我說：「叫妳不要去做，就一定會去做！」當然，我也很想打破這個魔咒，也許就能少吃一點苦頭。我的身體永遠都跑得很快，比我的理智更先體驗。但無論是瑜伽或是酒神系統，當我帶著「意識」去做的時候，會有一個「煞車」，因為透過呼吸，你能有更多覺察，去掌握你自己本來的樣子。

古希臘露天劇場是開放式的，可容納 1 萬 5 千人。老師說他們以前都不帶麥克風，那演員如何讓聲音傳達到最後一排？為什麼現在的人必須戴麥克風？其實我們都做得到，但是我們「用錯力」，如果你了解自己的身體，這樣的表演應該是不費力的。當我買票去看《茶花女》，坐進露天劇場時，我真的很震驚，想說：「哇！真的假的！！這麼大的場地不用麥克風！！！人類真的做得到啊！！！！」

· 77
露天劇場的演員不用麥克風這件事，令我非常震驚，原來只要用對力氣，人類是可以做到的！

現在對我來說，表演就是實實在在從身體當中感知的東西。從希臘回來之後，我在工作上比較能去調息自己的呼吸，也可以很明確地感覺到自己的身體狀態，我發現自己表演的能量變得更有彈性，也可以很快地轉換情緒。

表演讓我更加認識自己

回到真實生活，我馬上進劇場演出《最後一封情書》。

對我來說，舞台劇是更敞開的表演場域，它可以用各種形式去展現戲劇，可以用許多不同媒材和形式結合戲劇，因為這樣的敞開，更需要展現自己本能的創意。但《最後一封情書》其實是一部「很累」的舞台劇，因為它太悲了（加上媽媽生病的事也推波助瀾，以致情緒時常處在潰堤邊緣），哭戲比例很高，要聲嘶力竭的。過往經驗中「哭」是一件很耗費力氣的事，加上要連演 3 天，也就是 6 場，簡直崩潰！

好險接演這部戲前，我有先去鍛鍊，也想利用這機會實踐酒神，看看酒神對我的影響。結果發現，在希臘那一個月的幫助很大，我的心理和身體狀態都很穩定。雖然每場演出的品質和能量，不一定都能做到最滿，但基本上不會落差太大，都能保持一定的水準。然後每一場，我都能將情緒釋放得很明確。

我發現，這跟我「成為人母」有很大的關係。當媽之後，我對情緒細微的感受有很大程度的開發，我想，那些都是因為柔軟的自己，敞開內心後而有的深刻體會，也成為我日後在演繹上的經驗參考。

最終，表演這項工作的收穫，有很多是來自於生活，和我所選擇投入的每一個工作和任務。不過這也促使我進一步深思，自己作為演員的使命到底是什麼？或許是希望能展現人性和人類的真實？或是要療癒和支持著某些觀眾？

對我而言，表演讓我更加認識自己，是我生命中很重要的旅程，我將對自己的認識揉合成為銀幕中的一部分，也像現在這樣書寫給自己和每一個閱讀者，你們都是生命舞台上的主角，相信自己，盡情地體驗吧！

· **78**
接演舞台劇《最後一封情書》，很悲，有大量的哭戲，剛好我也想趁機實踐看看「酒神」給我的鍛鍊。（圖／全民大劇團、無敵影業 提供）

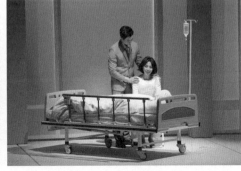

──── 3-6

她用自己的方式跟我告別

媽媽生病了，她前陣子上教會的時候不舒服，去醫院檢查，發現有腫瘤，研判可能是癌症……

當時在我們一家人在花蓮，收到了一封媽媽的簡訊上頭寫著：「我有事要跟你們說。」這封簡訊還不是傳給我，是傳給我的伴侶。

我心中一沉，匆匆安排好一切，趕回台北。

當時還有點生氣，我媽總是這樣跳過我，但也知道她向來不喜歡麻煩人，可能是堅強慣了，像這樣的突發狀況，應該是她最不樂見的……為了不讓我承受太多煩惱，我總是最後才知道結果的人。

孩子和爸爸在家中等待，我獨自陪媽媽去醫院了解病情。醫生說要緊急安排更多詳細檢查，再含糊地宣告，媽媽應該罹患的是大腸癌第3或4期。

在等待報告的那段日子，我們很焦急，很想趕緊確定到底是第幾期，於是找了其他醫院、安排更多檢查，也將媽媽接回家一起住。沒想到1個月後，醫生不再拐彎抹角了，他直接說媽媽是大腸癌末期，癌細胞已經擴散，只剩下半年的時間，要我們趕緊安排入院手續……

死亡的靠近讓我們更加和諧……

我當下感覺很空白，感覺不到自己的情緒是什麼，整個人好像被抽空了。我能做的，好像就是陪她度過這過程。我甚至想不到要怎麼跟孩子說，對我們一家人來說，除了面對也只剩下面對。

在這樣的情境裡，我們一家人突然變得比以往更和諧，更能展現包容，不再彼此計較，但這樣的和諧卻是透過死亡的靠近發生的……過往我和母親之間的結，尚未說盡的事，種種的誤解，也都在那個時間點劃下句點。

過往的事情如此的不重要啊！生命將至盡頭的媽媽，僅剩的生命時光，真的是個非常好的響鈴，時時都在提醒著自己，要多麼地珍惜每一刻，要多麼仔細和投入每個當下相處的時光。

其實我似乎理解媽媽為什麼會生病，這跟她過往的人生有很大的關係。她的生命有太多時刻都不是為了自己，有太多的忍耐和痛苦無法宣洩，太多無法流露的情感，加上太忙碌了，以至於無法好好吃飯，所以身體反映了這一切。

也許是認為自己不值得被愛吧，她一直不知道該怎麼好好對待自己，甚至沒時間做這件事。她一直很辛苦，背負著很多情緒和感受，藏在她身體的內臟和身體的記憶裡，刻意忽略的結果是，活到了將近 60 歲，才不得不藉由疾病面對真實的自己。

堅持不想麻煩大家的媽媽

生病前期，她還是不願麻煩旁人，更不想讓旁人擔心，即使她弄了「造口」大便，她還是會很優雅、很客氣地說：「沒關係我自己來我弄，你們不要麻煩。」然後關起門來處理。

我了解病人需要時間，在這過程中，她在重新適應身體和生活上的變化，但在還沒找到調適方法前，身體又會出現新的變化。對我來說，她現在想怎樣就怎樣，怎樣舒服就去做。後來她瘦到了 38 公斤，因為腫瘤太大沒法進食，一進食就會吐出來，所以她那時候很不舒服，需要人在旁邊，但她的意志力還在撐著。

·79
媽媽生病後身體快速衰退，不喜歡麻煩別人的她，堅持自理，也只有在真的不行的時候，才會叫我們幫忙。

幫她洗澡的時候，看著她的身體，和她的表情，多麼不一致啊，她的眼神還在發光，她的意志還是如此強烈，我們也在這個距離中找到平衡，一方面順著她讓她自理，可是她真的不行的時候，我們隨時都在一旁守候。

母親最令我敬佩的地方就是，不論遭受多大打擊，她都概括承受，會接住這一切挑戰，從不埋怨任何人，心理素質強大到嚇人，就這樣將一切生命的好與壞都吸收進去，只是代謝得不夠快，不夠時間……在她終於可以安居樂業，當個好外婆的時候，生命還是不斷地給予考驗，直到她願意將一切釋放。

逐漸釋出自己脆弱的媽媽

那時候我已經接了舞台劇《最後一封情書》。

從希臘回來，經紀人說她幫我接了這份工作，我一看劇本就嚇到了，一模一樣的劇情：「媽媽癌症，女兒陪她走完最後一哩路。」當下內心非常震驚：「天啊！宇宙的安排太神奇了。」我感覺現實跟虛擬的世界正同步進行著。但我想藉由真實的經歷去成就這部戲，同時也療癒自己，所以我跟導演提了生命當下正在發生的事，表示願意接下挑戰演出。

工作的時候，我也在照顧媽媽，那時我們沒找看護，所以我晚上住醫院，白天去排練，中間有什麼狀況就再趕回去。有時林導演會帶兒子來探望，就這樣來來回回了將近 1 個月。

很神奇的是，我身體感覺不到累，我很專心地面對這件事，不預想未來，不檢討過去，只想好好把事情處理好。同時間，我也發現媽媽也在調整自己，這段時日，她彷彿也在內心進行了轉化，開始慢慢地釋出自己的脆弱。

其實病人在有病識感的過程中，要花時間調適和接受自己的狀態。原先母親非常彆扭，不願讓旁人看見她的造口，無法控制排泄，對這位優雅的女性來說，既羞恥也很尷尬。雖然擔心也很心疼媽媽，但因為理解她的心情，所以靜靜守候著，直到她放下自尊，開口喚了我，才幫她清理造口。那是我們最靠近彼此的一刻，完全接納、包容和溫柔之情，在我和她之間流動著。

有品質地用心陪伴彼此

在醫院陪伴的那段期間，我發現，我跟我媽生活了這麼長一段時間，好像從沒跟她有像這樣的獨處時光，那個獨處時光不是只有在房間聊天而已，而是「用心」陪伴彼此。這過程，我理解到陪伴是有品質的，陪伴不用一直講話，有時候只是來自於「你的人在那裡」，也許沉默，但有品質。

我們的教育從沒有教導，該如何陪伴一個臨終的人，或如何擔任一個陪伴者的角色。但此時此刻不一樣，我感覺我媽也在陪伴我，她用她剩餘的時間和力氣守護著我。

在醫院睡眠品質很差，但是我不以此為苦，早上我會到地下室買一杯咖啡，等家人下午來接手，然後回家洗澡，陪兒子一下下，等晚上排練完再回醫院，日復一日進行著。

很多時候，我會接到醫院的緊急來電，說媽媽的血壓很低進入昏迷，或她有更多的嘔吐和疼痛狀況……必須隨時趕回醫院，無論我當下在做什麼，那時要不是身邊的人，和工作夥伴給很多的包容體諒，

· 80
我白天工作排練，晚上睡醫院陪伴媽媽，體會到「用心陪伴」的品質是多麼珍貴。

我不知道能不能這麼順利,我真的很感激很感激。

寶貝,其實妳做得很好了

後期我媽其實沒什麼力氣說話,所以我也不會吵她,一邊背著劇本,她想說話的時候再說。

我記得有一次我跟她說:「媽,我發現一件事,我覺得好像這輩子都在想要得到妳的認可。」

她說:「怎麼可能!妳這麼自我的人,怎麼會想得我的認可?!」
我說:「我很賣力地在證明自己!我希望妳給我掌聲、給我微笑、給我擁抱,或是點點頭說我已經做得很好,我盡力了。」

她很驚訝,她覺得我從小到大,都只做我想做的事,根本沒在管她的感受。

真相是,我很需要她的認同,我想要她以我為榮,我希望她能陪我度過失意和挫折的時候,我渴望她的溫柔陪伴,我想看見她的笑容。

後來她的病情越來越不穩定,我距離公演的時間越來越近,排練越來越密集了……好不容易,我們也終於請到合適的看護。

有天,媽媽用她僅存的模糊意識,請看護幫她錄了一段影片給我。

影片中她對我說:「寶貝妳知道嗎?其實妳做得很好了,每一件事情都很好,妳不需要再逼自己。不要像我一樣,要相信自己。」

這段話,完結了所有傷,回歸到一個母親對女兒純粹的愛。

·81
我一直希望能得到媽媽的認可,她最後跟我說的那段話,完結了所有的傷,我感受到愛。

隨筆⑩

很開心當妳女兒

—

親愛的媽媽：

開頭不知該怎麼寫才好，這幾天拍戲時總想到妳。戲中的母親和女兒，跟我們現實中的狀況有些雷同。

「我的角色是單親家庭的小孩，母親因父親出軌被拋棄了，她一人扶養我長大，努力工作，沒日沒夜地努力著，最大心願是希望我能找到愛我的人，希望我幸福。雖然總嘮叨著大大小小的事，有很多的關心和愛，但最簡單的三個字卻始終說不出口。」

帶著心疼和些許悔恨的情緒，我想起了我們的關係。

我總是聽不慣妳的牢騷，對妳有很多不耐，態度任性妄為，其實是害怕自己的依賴，這之中累積了太多的習慣，那些揮之不去的掙扎。

想要長大同時也想任性一下，想被關愛也想要自由，想證明自己的能力想被肯定，但是又想甩掉這種依賴。各種矛盾在這段關係糾纏……於是只能透過其他方式展現，如果沒被察覺到又是那麼令人失望。

這角色，某部分療癒了我，從旁觀者看來，我們每一個人都有過這樣的情節。我們會對在意的人說出傷害的話，我們內心的小女孩很努力地想要長大，時間久了發現不太容易，久了自然就想放棄……

我消化了一下這些察覺，這些年，妳的牙齒、聽力、逐漸地不好了。我無法使妳長生不老，眼看妳逐漸老去的狀態，其實內心是心疼的，

但是還不知該怎麼面對這個階段的妳。

妳犧牲了大半輩子，妳矜持、忍耐、用盡全力，調適和撐起妳的人生的歲月。那些挑戰妳走過了，如今我有孩子了，更加能體會，那些不得不和現實妥協的情況。

不管有多少時間，我都希望妳能快樂地過每一天，不要再擔心任何事了。雖然我真的很討厭妳的嘮叨，但是我又很怕聽不到了，我很喜歡妳的三八、妳的溫暖，所以不要愁眉苦臉的。

謝謝妳如此有擔當地承受我內心小女孩的許多不安全感，唯獨妳的快樂能使我安心自在地飛翔，我內心的小女孩才能更加勇敢。即使長大的我，還是想保有這樣的小女孩，因為這實在是很難得又幸福的事。

很開心當妳女兒，謝謝妳是我的母親。

3-7 ————

她的離去，我的重生

媽媽頻繁地進入低血壓狀態，因為體力不夠，醫生宣判無法幫她做化療，擴散的速度也已經無法控制。在她還有意識的時候，媽媽告訴我，她不想要任何急救，她會覺得很痛苦，我知道她一定不想那樣被對待，所以沒猶豫太久，我就簽了臨終「放棄急救同意書」。

後來，我們常常看著心跳儀器上上下下，媽媽的靈魂好像不停地往返這個世界和天堂之間，在無計可施的情況下，我們只能在一旁守護著，練習道別。

讓我走，求求妳。

有一次醫院又打來了，我排練到一半趕去，媽媽還有一點點意識，抓著我的手，懇求我幫幫她：「讓我走，求求妳。」這個要求是很震撼的，當時我除了試圖和緩自己的呼吸，完全不知該用什麼表情看她，只能直愣愣地看著她的雙眼，直到她意識逐漸模糊。

我知道她很痛，醫生說嗎啡已經給到最多了，沒辦法，這可能是一段靈肉分離的過程。待我情緒比較平緩時，我勉強擠出幾句話：「親愛的媽媽，這是妳人生的十字架，這段路只有妳可以走，我不能幫妳，我會陪著妳一起度過，妳要自己背完妳的十字架，跟主耶穌一樣，就可以去妳想去的地方了。」本來情況危急的她，聽完這段話突然變得很安心，睡過去了。我獨自反芻著那段話，消化著那份震撼和苦楚。我握住了她的手。

阿嬤準備要去當星星了

那時，我們還請了兒子和幾個小朋友，畫可愛的祝福卡片貼在她的病房，盡量讓病房的氣氛是和諧的。其實也做不了什麼，我只能用我的方式陪伴她。在一次又一次的緊急狀況裡，我們一家人也練習好幾次的離別。有一次半夜接到電話，趕過去的時候，母親已經沒有意識，看護說這次可能會很快離開。

我帶著兒子，走在醫院長廊，搭著他小小的肩膀，蹲下來跟他說：「這一次會是我們最後一次看到阿嬤了喔，阿嬤準備要去當星星了，等一下我們進去的時候，把想要跟她說的事情都告訴她，好嗎？」兒子點點頭。

進去後，兒子靠近病床握住媽媽的手，喊：「阿嬤！」這一喊，我媽瞬間醒來。在一旁的我整個哭到不行，我強烈感受到母親因為渴望親近孫子，她的意識又回到地球了，她真的好愛好愛這個小孩。

·83
為了讓病房氣氛和諧一點，不要太悲傷，我請兒子和他的同伴，畫了些可愛的祝福卡片貼在牆上。

·84
媽媽很疼孫了，兒了進到病房用小手輕輕握住母親，叫了聲阿嬤，很神奇的，原本意識昏迷的媽媽瞬間醒來。

我沒見到她最後一面

記得她離開的前 3 天，媽媽幾乎拆掉了所有儀器，她有一天意識特別清醒，開心地打給外婆說她的情況，外婆只是淡淡地說：「啊，是嗎？迴光返照了啊。」我還稍微責備外婆說：「怎麼這樣說啦！媽媽要好起來了。」

當時我接了一個廣告工作。離開前跟母親說：「我要去工作喔！妳要等我回來，不管多晚我一定會回來看妳，知道嗎？」母親點點頭。

第 1 天沒事，第 2 天也沒事，順利平安地度過了前兩天，給了我很大的鼓舞，第 3 天我帶著愉快的心情去工作。到了大概下午 5 點多，化妝師看著我，語氣擔心地說：「仔仔……妳手機一直響欸。」

我知道，她的時間應該到了。

拍攝場景距離醫院有段路程，我知道我趕不上幫她擦澡了，更不用說握著她的手陪她走完最後一程。當時我沿著場景的河堤，一路走著，看著天空，那天的夕陽很美，有紫色、橘色和粉紅色的漸層，我看著那夕陽心裡跟我媽說：「媽，妳又用了妳的方式告別了，為了不讓我擔心，所以妳選擇在這時候離開，對吧？」

「我的母親始終如一，用她的方式愛著我，靜靜地守護著，沒有打擾，更沒有告別的場面，這就是我的母親。」我在心裡想著。

幫阿嬤打怪獸

到醫院時，她剛走。身體還溫溫的，但已經開始僵硬了。我帶著兒子進去告別，告訴他這真的是最後一次了，「阿嬤已經去當小星星了喔～」，兒子一進去就說：「這個不是我認識的外婆！」

他把我和林導演拉到病房走廊,對我們說:「我覺得阿嬤走了很好。」我問他為什麼?他說:「因為她不痛了。」

他會這樣講,是因為我媽住在家裡那段時日,經常嘔吐,他會問:「阿嬤怎麼了?」我就會跟他說:「因為阿嬤肚子裡有個怪獸,阿嬤會跟他對打,有時候打得比較激烈,阿嬤就會想吐。」

所以他在家裡的廁所裡畫了圖,畫出他想像中,阿嬤肚子裡怪獸的樣子,他泡澡的時候,就會拿水槍去射那隻怪獸,他覺得自己在幫阿嬤打怪。

他也問我:「為什麼阿嬤肚子裡會有怪獸?」我說:「人不開心的時候,肚子裡就會長怪獸。不好好照顧身體,也會長怪獸。」所以那天我媽走的時候,他就說:「我覺得阿嬤走了很好,因為阿嬤不用再打怪獸了!我覺得這樣對她是最好的。」兒子的這句話,溫暖了在場所有大人。

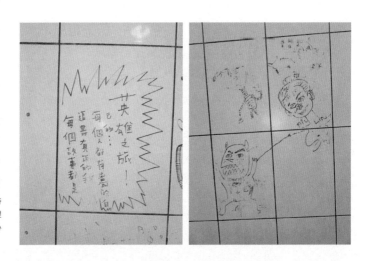

·85
兒子在浴室牆壁畫一隻怪獸,洗澡時會用水槍射牠,說要幫阿嬤打肚子裡的怪獸。一旁還有寫上英雄之旅的心得文。

想念最可怕，回憶像海嘯

我在媽媽身邊陪伴她的那段時間，並不覺得死亡是可怕的，死亡其實一直都在我們身邊。我反而從死亡中體驗到孩子出生時的平靜感覺。我覺得最可怕的是想念，想念是海嘯。

後來整理我媽的遺物，想藉此梳理自己的感受，我甚至花了幾天的時間搬動家具，改變家裡的樣貌。我的身體就想要一直活動，不想靜止下來。

有一次本來情緒好好的，無意間看到桌上我媽的水杯，突然就崩潰了。我知道媽媽不在了，所有存在的東西，都是她曾經活著的證明。我在悲傷的海嘯裡，翻滾了很多次，無法預期什麼時候會流淚，那東西來得很快，一剎那有個回憶進來，就會陷在那個情境裡。也因為知道它一定會來，那是必經的過程，所以我不曾抗拒，沒有掙扎，就讓它一直發生。

我花了 3 天把媽媽的東西都整理完，一部分捐給教會，分送給她的朋友們留念，自己只留了一小箱。幾週後，我偶然在媽媽的房門後找到一條她的裙子，應該是整理遺物時漏了，就這樣，那條裙子在那掛了 3 年，象徵我對媽媽的想念，也代表我和她之間的情感牽掛。

從小到大，我跟媽媽相處的時間很長，我的身體和心，必須要用很大的力氣，才能適應她不在的事實。我也不斷釐清自己的感覺，因為我個性中壓抑的部分很像她，過去我可能不想要像她，經常在「像她」這個概念中掙扎。後來我想通了，我是她帶大的，我本來就會像她，她所有精神層面的東西都會留在我身上，我要帶著她的精神，繼續過日子，並內化成自己的東西。

·86
母親最後的送行採取的是樹葬，辦完後事，我帶著悲傷，帶著孩子，努力振作當一個成熟的大人。

在和悲傷拉扯的過程中，我好像經歷了媽媽以前離婚的痛苦。明明失去了媽媽，可是我還是得帶小孩，努力振作成為一個成熟的大人。

跟她說最後一次再見

就這樣在悲傷的漩渦裡，在她過世後一年後，2020 年的 12 月 31 日，那天我真的下定決心，差不多該繼續往前走了。我已經在這個漩渦裡翻滾得很透徹了，此刻，感覺好像有一個內在的聲音告訴我：「可以了，已經到極限了。」我要自己帶著孩子，重新開始生活，過著沒有雪芬（媽媽）的日子。

新年的時候，我們在碉堡看煙火綻放，放完的那一刻，我在心裡跟我媽說，我要把這個悲痛的感覺，放下了，我要開始過自己的人生。那一刻我感覺，那一雙母親很溫暖的手，曾經托著我，呵護我，說著小心長大啊，那雙手就放下了，剩下我自己。

我感覺自己好像重生。整個人身體很脆弱，搖搖晃晃的，軟軟的，沒有什麼力量，好像真的從那一刻開始，我才要學會飛。真正的自己，才開始要長出來。

· 87
看著這張媽媽背影的照片，我心想，我要帶著孩子，重新開始生活，我要自己學會飛。

─────── 3-8

找回我的內在力量

母親離世後，我有一整年都處在哀悼的過程中——重整生活也重整內心的碎片。某次，和朋友閒聊時偶然提到，說我可以透過冰山理論（Iceberg Theory）重新了解自己，或許有助於我整理自己的感受及思緒。出於好奇我看了幾本書之後，我幸運地報名上一場自我探索的課程，也認識了薩提爾（Virginia Satir）女士的思想。

薩提爾女士是一名家族治療師，她是偏榮格派的心理醫生，她發現就算諮商了這麼多病人，但還是很常感受到病人沒有進步，為此她感到很挫折，可是又覺得不甘心，心想一定有更棒的方法能幫助別人。於是她鑽研了各式各樣的方法，花了很長的時間，終於打造了一個屬於她自己的冰山理論。

薩提爾的冰山理論

這個冰山理論隱喻著一個人的內在（水面下）經驗與外在（水面上）歷程。

冰山最上層是人的外在「行為」，和你回應這個世界的「應對方式」，在所有的行動和事件中，人會形成怎樣的行為和反應，可能都有一些肇因，而在這些肇因之下，我們會產生「情緒」，甚至還會進一步形成「情緒中的情緒」，表示你可能在難過的同時，會感覺到生氣，生氣的時候也會感覺難過。

再往下推移我們會找到對事件的「觀點」，在這「觀點」中你會有一份「期待」，「期待」的背後則是人心深處與生俱來的需要——那就是對愛、自由、接納、理解、有價值、意義、尊重、肯定的「渴望」。

冰山的底層是展現「自我」的生命力，每個人都有想要活下去的生命力，每個人都是平等的，只不過渴望展現出來的方式都不一樣。

這個將內在歷程抽絲剝繭的過程，帶我展開一趟深刻的自我探索之旅。這份學習更幫助我同理他人，看見所有行為背後的原因，我也終於明白，很多時刻，母親那些令我不解的行為，其實是山自於愛和恐懼。

我想活得快樂，也想接納我的不快樂，在尋找自我的這段旅程中，薩提爾幫助我重建內在的力量，發掘更多自己的美好，讓我能在失去親人的生命階段，一步一步地轉變成為更茁壯、更敞開、更包容的自己。

·88
在學習過程中我寫下許多筆記，不斷
地反覆省思，重建自己內在的力量。

原來我想要的就是自由啊！

深入細探這個冰山理論，你會發現在成長過程中，我們會形塑非常多的觀點，甚至很多觀點不一定是父母給你的，可能是同儕，也可能伴侶。在一層一層追溯的過程中，你會開始理解，自己是一個什麼樣的人，為什麼會有那些情緒，以及真正想要的是什麼。

某次課堂上，我展開自己的「生命地圖」，驚覺那個對很多事情反彈和感到束縛的我，原來一直追求的是「自由」，那是我渴望的源頭。「原來我想要的就是自由啊！」我反覆咀嚼著這句話，像找到寶藏似的，當時帶我一起做冰山理論的老師，很溫柔地看著我說：「那麼為什麼妳不一開始就相信，妳是自由的呢？」當下我很震驚：「哇，這句話真的太有智慧了！」

透過這個學習，我肯定自己本來就是一個自由的人，自由絕對不是來自外在，它一定是從你心裡發生的，然後自由不只是個人的自由，還涵蓋了對他人很大的包容。

靠近渴望，放下束縛

學習薩提爾的旅程，讓我看見自己豐富的樣貌，靠近自己的渴望，建立內在的力量，並換一個角度跟視野，去體會和放下那些束縛我的東西；不只療癒了自己的過去和現在，也學會原諒和感謝，讓生命變得有更多創造力和可能性。感謝在生命中不同階段，總有許多幫助我的系統工具，整理我當時的身心靈需求。

也是在學習冰山理論之後，我在課堂看見，人們真實傾吐內心的聲音，表露真實的情緒，所有的宣洩和表達都是被允許的，而透過大量梳理過往的傷痛和悔恨，我們接住自己每一個難過的時候，耐心地將自己療癒。

課堂學習後，我在 3 天後戒掉菸。我靠近焦慮的自己，去停頓，去等待，去陪伴自己。我透過書寫我的感受，去敲擊我的冰山，將那些哀痛的過往一次一次地釋放，直到成為我內在的寶藏。

這個改變也延伸到親子關係。生了小孩之後，我時常不知道自己可以給兒子什麼。每個階段的孩子都在轉變，我常常太過賣力、太過認真變得嚴肅，我以為那是他需要的，卻忽略了真的去傾聽他。其實我真正想要給他的東西，不是物質上的，而是，如何體驗這場生命旅程，以及如何成為他自己。

如果是這樣，我要自己先做到，讓他看到，給他模仿的範本。當他看到你的狀態或改變時，他也會在自己的生命歷程，融合自己的體驗和方法，找到內在的力量，變成他自己。

每次想到的時候，我就感覺充滿熱血和無限可能！生命真是不可思議地令人震撼啊！

· 89
我希望兒子能好好體驗這場生命旅程，成為他自己，所以我要自己先做到，讓他看到。

隨筆⑪

跟雪芬有關的事

-

死亡帶來神聖且美好的體驗。
死亡把我帶回當下，帶到此刻去陪伴、聆聽另一個生命和自己。

死亡教會我看待疾病和另一個與我不同的生命，她用她的方式活下
去和飛離這個世界。

雪芬在病床上的時光，將近 4 個月的時間，
她帶著她的過去和信仰，一路掙扎到逐漸地放下一切……
這個過程的自己，除了敬畏生命同時也培養了陪伴的力量。

我並沒有預設該如何看待死亡，當時的我就跟一匹馬一樣憑著直覺
不斷前進，毫不猶豫！
在得知末期的時候，百感交集仍向雪芬做了一個瘋狂的提議，那就
是一起好好地出國去玩一趟。
那種急切渴望把握時間相處，只是我單方面自私的想法，
當然馬上被打槍了……被打槍是很正常的事，
畢竟會擔心很多很多……浪漫與瘋狂只能在無盡的想像中。

死亡這一趟旅程不長不短，值得回味總有許多發現。

依稀記得雪芬在病床上求死的懇求，
當時我只能輕輕地摸摸她的頭，忍著不捨，溫柔堅定地跟她說：
「這是妳人生的十字架，我會陪著妳一起度過。」一邊安撫。
看她不斷呻吟著，眼睛噙著淚……與疼痛並肩睡去，心裡的痛和她
並行著。

一天又一天，鍛鍊著彼此的意志。

她的意識順著嗎啡一同昏去……
回想我們共同的人生中，經歷了無數次的絕望和重生，
我們只能陪伴著彼此，用自己能夠的方式存在在彼此身旁。

雪芬走的那一天，正在拍片的我，手機不斷響起，就在最後一個鏡頭，我看著天空，美麗的晚霞……盯著天空中的神奇色彩，感受著她最後的溫柔。

我苦澀地笑了出來，
心想明明就已經跟妳說了我出去工作 2、3 天，一定要等我回來，
我也一定會回來。
妳還點點頭答應了我，哎……
我沒有痛哭，也沒有著急，就只是等待著……

雪芬啊……就是一個這樣的人，總是優雅的肅穆的神情。
她也不想要看任何人流淚，不想虧欠，她是很有自尊的！
特別能忍，特別不捨……
她想留下最好的印象給她所愛的人，她想這樣被記得，她不想告別。

趕去醫院的時候，她的靈魂已經離開她的身體了，
我沒想到面對死亡居然是可以不哭泣的，
巨大的平靜籠罩整個房間，大家輪流與她告別，每一個人都在當下，
啊……原來死亡會帶我們回到當下，
這個當下與當時生產的感覺一樣！是同一種東西啊！

帶著某種感動和感傷等待一切程序完成。
那幾天剛好是中秋節，天空有一輪明月，清晰明亮，可以盯著它好久好久……

我總是會停下腳步去看，用全身的感受去記得這一天，我知道我永遠忘不了這份體驗。

爾後幾天，帶著死亡證明辦理各式各樣的移除手續，
不知道有沒有一種集點卡？
比方你承認逝去的生命 100 次，可以換到……眼睛冰敷袋？或者暴走的一次機會？

我不得不說，後續這些繁瑣的事情，真的是一個巨大的心理戰鬥！

雪芬走之後……

我才知道想念會存在在空氣中，
吸進去的時候……回憶會重現，
這種體驗是從來沒有的！也沒來由的。

餐桌上放著雪芬慣用的杯子，突然對著這個杯子用情很深！
我甚至在櫃子裡找到雪芬藏的氣炸鍋，
想到那天的情景，挑剔她買了沒必要的東西，對此嫌棄，
她居然將鍋藏在櫃子裡，哎，當下坐時光機的我懊悔不已。

門後掛著她穿過的一條裙子，我居然掛了 3 年才將它收拾。

一切種種隨著時間繼續推移……

我投入在這份無法招架的思念，
自虐式在裡面一次又一次地將自己放逐……盡情地體驗。
如果你試圖要從這份感覺走出來，
我會勸，千萬不要掙扎，因為那將是漫長的馬拉松。

有一天我決定，日記不會再寫上日期了，因為我不想再提醒自己她
走了第幾天。
那就讓它們空白吧，直到我能夠更加寬心地說起妳。

以為已經鍛鍊了強壯的心智的我……
誰知道來到過年的除夕夜那天，整個是孤單地獄。內心整個脆弱哀
戚到不行。

獨自帶著兒子的過程，
我好像順勢著成長，卻有種強迫自己長大的感覺。
我用盡各種方式移動到各個地方，帶著兒子上山下海，不想沉浸在
悲傷。
最後還是得靜下來，直到我願意靜下來，好好地在內心與妳告別。

偶爾我還是會打開簡訊，聽聽妳曾經錄給我的語音，
在我脆弱的時候會想想妳，想想妳給我的加油打氣。
我會跟孩子說起小時候的故事，說起我們的曾經。
我會料理妳曾經給予的記憶，透過這樣的方式想念妳。

最後，我知道，就像我一直跟孩子說的：
「當你想我的時候，我都在。你知道什麼嗎？因為我將我的一部分，
我的眼睛、鼻子、嘴巴、手臂、腳趾頭、屁屁，分給了你，你看我
們很像的地方。所以你在照鏡子的時候，你就會看到我喔！」

鏡子中的我，也是妳的一部分，所以我知道妳一直都在，未曾離去。

隨筆⑫

兒子的死亡哲學

也許寫下這些文字單純是種抒發吧？
不過這樣也好，至少能記錄下來。

想起兒子陪伴我度過面對母親重病到離世的過程，
其實仔細回想很不可思議。
一個 2 歲半的孩子，對於死亡的感受到底是什麼呢？
我們在母親的病房玩耍、說故事、聊天……
每一刻，兒子的存在都溫暖了整個房間，
因為他是那樣地單純美好，又得人疼愛。

我們用圖畫掛滿病房，像是在病房畫上一道彩虹……
期許彩虹能喚醒希望……

直到母親離開的那天，
兒子來到病房的氣氛完全不同了，
很明顯地他知道有事情發生了，
他從大人們的神情和氣氛感覺到那種沉重和悲傷。

當他進去病房看到母親的遺體時……
我還很慎重地排練了一場告白：
「這是我們見阿嬤的最後一面了，這次她真的要去當小星星了喔。」

就這樣看著他小小的背影進去面對如此真實的人生，
他看了幾秒……接著掩住小臉把自己埋進爸爸的肩上，
念念有詞地說他想要離開了。

我不確定他是否在流淚……他是否傷心……只是在一旁看著。
在場沒有一個人反應得過來，除了沉默……還是沉默。

我也不知道為什麼我流不出眼淚，
這跟我想像中的版本不太一樣，
我以為自己會崩潰無法直視這一切，
結果我非常冷靜地接待每一位來道別的朋友，
可能真的太不真實了吧，
也因為心中是滿滿的感激，
所以才沒有在那當下那樣悲傷。

達達說，回到車上的時候兒子還說：
「我想要阿嬤去當小星星，因為她打怪物打得太累了。」

幾次下來我發現兒子看待生死的反應是如此自然，
我真的很開心他的陪伴，這給我很大的鼓勵和思考。

孩子說：「不要哭，很多人在排隊要去當小星星呢！」
還拿了一張衛生紙給達達。

大人悲傷的是我們對於人的思念和不捨，
孩子是如此地順應這樣的自然，並且知道，只要抬頭我們就能再相
見了。

3-9 ————

第一次的悲傷與會傳信的貓

母親走後 2 個月，日子照常地過。

有天，我在廚房煎鮭魚準備早餐，後陽台發出喵喵喵的叫聲，我左
看右看找不到貓影，想說應該是街邊的野貓在找伴吧。但是這叫聲
離廚房的窗台很近，那隻貓是要幫助還是刻意想引起我注意？就這
樣牠叫了 5 分鐘，我打開窗戶尋找。

一雙大眼睛趴在窗台左上方盯著我看。

這時候 3 歲的兒子醒來了……我們互道了早安，我帶他來到窗邊。
我說：「貓咪欸！你看！」我們對貓揮了揮手，牠似乎在我們家頂
樓的露台徘徊。兒子想看貓，我們帶了一片鮭魚上樓，就這樣冤親
債主的討債日子來了。

波波可能有好多名字

「波波」，兒子幫牠取的名字，牠可能有好多個名字吧？

然後每天早上波波會固定來報到，一直喵喵叫，叫到我們上樓餵食為止，兒子樂此不疲，像找到了心肝寶貝，對他而言波波是他的貓咪，肚臍是我的狗狗。

都市中街貓大都會被志工帶去結紮，接著會「剪耳」做標記，但是波波沒有，牠的耳朵看起來很完整。直到有天，兒子的乾媽提議，說要用貓罐頭和籠子誘捕波波，想帶牠去愛心獸醫院結紮；不過展開「祕密行動」那天，臨時有事和林導演要帶兒子出門，便將這個「重責大任」託付給她。

・91
上頂樓餵貓是兒子的小確幸，波波是他的貓咪。

傍晚電話打來，乾媽說：「欸！波波有主人喔！牠已經結紮了而且有晶片！」我們很吃驚！更驚訝的是，我們一直以為是女生的波波（牠的蛋蛋因為結紮萎縮了），其實是正港的男子漢！

我在腦中盤算該如何跟兒子坦白。當時波波已經被主人接回家，不知會不會再見到面……雖然我試著問主人的電話，但院方無法外洩個資，就也沒再多問。

失去夥伴淚眼汪汪的兒子

看著眼前的兒子，他在田裡摘菜玩耍著，可開心呢，當林導演抱起他準備回家時，我告訴他這個失落的消息：「寶貝啊，波波呢……牠其實有主人了，剛剛乾媽在獸醫院，醫生跟她說的，也聯繫主人接走波波了。」

我跟兒子說，有留聯繫方式給獸醫院，但不知主人會不會找我們，「所以，我們有可能會再見到牠，可能再也見不到了。因為波波自

己偷跑出來，主人會擔心哦……」趴在父親肩上的兒子，頓時淚眼汪汪，他嚅動著嘴唇哽咽說：「我……我不知道……為什麼我的眼睛會一直流眼淚……嗚～～～哇！！！！！」一陣暴哭。

這是兒子第一次正式體驗傷心的感覺，我們安慰著他，一路抱著他直到他睡去。不過呢，孩子對於傷痛的療癒力真的很驚人，隔天他似乎已經不太記得，也沒再提起過此事。

又聽見喵喵喵的叫聲

母親離開後的第 4 個月。

某天早晨，料理早餐時，我又聽見喵喵喵的叫聲。我又驚又喜叫了起來：「是波波！波波回來了！」兒子被我的叫聲喚醒，開心跑上樓迎接他的夥伴。我們一家人好興奮，「波波啊～你又逃出來玩了是嗎!? 還是太想我們了？」我們熱情地摸牠拍牠抱牠。

接下來日子一如過往，我們會準備波波的罐頭，每天固定上樓餵食，這公差成了我們家的小確幸。

隔幾週寒流來了，我們擔心連日風雨波波會著涼，更不知道牠住哪？有沒有地方遮蔽？基於牠曾經尾隨我們下樓回家（只是到了門口又突然跑走），打算讓牠進到屋內避難，便打電話問了友人照料貓咪的事。

友人叮嚀，貓咪警戒心強，對於習慣在外走跳的貓，可在貓籠外蓋一塊布，動物才有安全感，但可能也會不想出來。她預估最多一個月，波波應該就能適應我們家了。

當晚備好所有物件，我們滿心期待著波波到來，牠也如期進屋，卻被肚臍給嚇了一大跳，差點從後陽台逃離。忙亂了一陣，我們終於

將波波引入新添購的「豪華樓中樓」（大型雙層貓籠），就這樣安然度過了這一晚。

如友人所料，隔日波波依然躲在籠內。再隔一日，回到家發現牠睡在沙發，到了晚上這傢伙已經很自在地躺在床上呼呼大睡。我拍下來傳給友人：「這是正常發揮嗎？」沒再使用過的「豪華樓中樓」也被我們轉送出去。

·92
寒流那晚，我們將波波引入精心準備的「豪華樓中樓」，但沒多久就用不上了。

傳信貓加入多元成家組合

波波和我們的同居生活正式展開，牠也很快找到在這家的生活模式。每天早上牠會撞開後陽台紗門，穿越鐵窗開心離去（不知去哪逍遙自在了），等牠肚子餓就會回家吃飯睡覺，就這樣大家和樂融融一起生活了 3 個月（雖然肚臍沒那麼喜歡牠，感覺牠有點失落就是了）。

有一天，波波一早回來，項圈上有一封信。信上寫著：「感謝照顧我們家大頭，牠已結紮，牠告訴我們你照顧得很好！」天啊！真是又驚又喜！是正牌主人的手寫信！我趕緊回信並留下聯繫方式，但要寄去哪呢？

隔日一早，我們將紙條夾在波波的項圈上，叫牠去送信，波波毫不猶豫地出門了；回來時，項圈上的信件不見了，也不知是不是掉在路上，我們滿心期待著回電。

當天下午，主人來電，我們一家人好開心啊！頻頻道謝。謝謝主人分享這麼可愛的孩子給我們，才知道主人養了好多貓咪。

主人說，波波幾次失蹤，長時間沒有回家，他們很擔心還找了「寵物溝通」問事，沒想到波波竟然說：「請不要擔心，我偶爾會回家看你們。」「我現在，陪著一個哥哥，因為他是一個人。」主人原

·93
古靈精怪的波波很快適應我們家的生活，來沒多久就離開貓籠，到處躺、到處睡。

以為波波陪伴的「哥哥」是一名單身成年男子，聽到是個 3 歲男童時，直呼好意外啊！

那晚正牌主人到訪，門一開就熱情大喊：「大頭！原來你在這啊！」波波嚇到整隻貓跳起來，一副被揭穿的窘樣，超好笑！

今後，我們「多元成家」的組合，又多了一隻會送信的肥貓，叫大頭 AKA 波波。

·94
肚臍好像沒那麼喜歡波波，雙方保持
著安全距離，波波貌似有點失落。

·95
波波往返正牌主人和我們家之間的
「飛貓傳書」。

·96
從此以後，我們「多元成家」的成員
多了一個波波。

3-10 ─────

牠走的那一天

·9/
陪我經歷人生許多重要階段的肚臍，
會陪我很久很久吧！

母親離開後，我經歷了內在巨大的轉變。

萬萬沒想到，終於找到「內在力量」的自己，好像「痊癒了」的自己，
生命再度開了我一個玩笑，讓我從天堂又掉入了地獄。原來，我一
直在學習的「順其自然」是如此巨大的課題，生命的禮物和衝擊也
是一體兩面的，毫無防備的傷痛，讓我了解……只有在每個當下全
心投入才能了無遺憾。

肚臍走得很突然

那天錄完《第一次遇見花香的那刻》宣傳片，懷抱著雀躍心情，我滿心期待這終於要問世的好作品。我和經紀人 Swallow、達達，好朋友豆豆、阿 MO 約在台北家中聊天，一如往常，我們聊工作、聊生活瑣事。

站起來接電話的達達，突然很大聲地喊：「蛤！蛤！蛤！你說什麼?!」大家被這突如其來的反應嚇了一跳，達達向來不是情緒起伏很大的人，所有人緊張且不解地看著她，「欸！欸！發生什麼事了?!」達達轉過身，哽咽地說：「肚臍死了。」

這是個玩笑吧？當下我無法解讀這個訊息，我問：「妳在講什麼？」所有人都很安靜，達達哭著描述事情發生經過，坐在椅子上的我很像電腦當機，她講的話我聽見，但沒聽進去。過了不知多久，我開始打電話給最親近的幾位朋友，異常冷靜的，我想讓每個愛肚臍的人都知道這個消息。

回過神來，我慢慢整理剛剛聽到的話：「肚臍是給碉堡附近的一群野狗咬死的。」我知道那群野狗，我看過牠們，接著腦海突然閃過肚臍被攻擊的畫面，一時間，我的心臟像是被重擊了好幾下，很不規律地跳著，雖然我的狀態是驚嚇的，但情緒卻像在很遙遠的地方，靈魂就像被抽離一般，離我的身體好遠。

電話那頭的林導演聲嘶力竭，一直跟我道歉，他覺得自己沒有照顧好家人。但那真的不是他的錯，我跟他說：「沒關係，沒事的，我現在立刻回花蓮。」朋友們開始幫忙打包，帶著貓咪波波，我們開夜車一路飆回花蓮。

·98
躺在布上的肚臍真的不會動了，我趴在牠身旁，靜靜地陪伴著牠。

牠眞的不會動了

出發前,我聯絡了有「寵物溝通」能力的好友,請她幫我「緊急溝通」,卻又不知該從何問起。好友陪我聊了一會,要我回花蓮前先去找她,她會準備了一顆「舍利子」給肚臍帶走。

終於回到碉堡,我感到身心俱疲,搖搖晃晃地、亦步亦趨地,我走向那小小的軀體;牠躺在一塊布上,身體看起來有外傷,但臉蛋依舊是那隻可愛的小肚臍。只是牠真的不動了。真的不會動了。

我當下太震驚了,無法反應,更沒有眼淚。我的狀態是空白的,無法思考,只是靜靜地趴在牠身邊,捧著牠、輕輕撫摸著牠,不知拖了多久,才決定要將牠下葬。只是我捨不得火化,我不想這麼做。

我將舍利子放進肚臍嘴裡,找了離我們房間最近的一棵大樹,大家齊心協力挖了一個洞埋葬牠,再搬幾個石頭圍成一個小墓園。

我要林導演帶孩子先去休息,獨自一人坐在 2 樓面海的露台,我的狀態還在震驚中無法抽離,身體和心理好像受到巨大的破壞,直到早上 5、6 點,天色漸亮,直到我眼皮沉了,才願意回去躺下。

情緒的海嘯波濤洶湧

隔天起床，內心的海嘯再次翻滾。每天早上肚臍會等我起床，蹦蹦跳跳地跑向我要早餐吃，我總會一把將牠撈起，和牠一起賴個床，親密一下，但現在沒有了。

我將手放到床邊，只有撈到空氣，我再也摸不到聞不到那個毛茸茸的孩子，那個總是用炙熱眼神，看著我微笑，一直愛著我的肚臍。對別人來說狗可能只是寵物，但是我和肚臍之間的愛非常深，牠很像是我身體的一部分，深刻地和我相連一起。想到這，我的心臟就好痛好痛，好想尖叫，我真的好痛苦。

原以為經歷過我媽離世，練習過離別傷痛的我不會有事，但這次完全不一樣，是在我毫無心理準備的情況下，肚臍就被強制帶走。我只能哭，邊洗澡邊哭，做什麼事情都在哭。我的情緒好多，我感到自責，又很憤怒。「如果這是老天爺給我的挑戰或試煉，未免太過分。如果在乎的生命要用這種方式離開，對任何人來說都是非常驚嚇的。」我反覆不停地想，困在絕望的念頭之中。

在這短短 3 年內，先是媽媽離開，我花了一整年的時間慢慢撫平傷痛，沒想到，隔了半年我的「家人」竟是用這種方式離開。雖然我理解每個生命都有他離開的方式，有各自靈魂的旅程要走，但不應該如此暴力吧？情緒的巨浪隨著我的每一個負面想法無限膨脹，困在浪裡的我，就算旁人一直安慰，還是無法接受這個事實。好朋友們都來了，大家一起哭、一起生氣、一起沉默，到了第 4 天，我的背長滿了蕁麻疹，又癢又痛。一週後朋友們離開，林導演也回台北工作，只剩我跟小孩，還有一直徘徊守護在肚臍的小墓園旁的波波。

那段時間我難過到沒有食慾，更別說打理日常生活，但也是到「散場」後我才明白，沒了依靠還是要回歸正常生活；我要更新自己看待事情的方式，因為這世界不是非黑即白，全都取決於你怎麼看。

· 99
我們齊心協力挖了一個洞埋葬肚臍，再搬幾個石頭圍成一個小墓園，而我們的貓波波一直守護著牠。

所有的發生都有禮物在裡面

爾後的 3 個月中，我在黑暗中行走，充滿著困惑和悲傷，雖然過往我總會安慰朋友「所有的發生都有禮物在裡面」，然而被巨大痛苦淹沒的我，太傷心了，所以這句話對我也失去效用，但一方面我也知道，若我不好好去看看這份禮物，那麼「牠」將永遠地被埋葬。

我帶著悲痛的心情「迎接」這個意外，面對的那刻，我感覺自己的內在根本是「血肉模糊」，但我真的很想知道，那份禮物到底是什麼。

往內在探索的過程中，我不斷在心中吶喊：「生命不該用這樣的方式結束！不該！不該！」「林辰唏妳還是嘗試在控制生命！」原本以為能「順其自然」過日子的我，發現自己根本無法處之泰然、從容地看待生命，原來我只了解生命面貌的一部分而已。

我體悟生命來的時候沒有時間表，走的時候也不知道，本來就沒法控制啊，而試圖要掌控生命的我，「真的是一個自以為是的人類啊！」這念頭讓我好似看到黑暗中的一絲隙縫，想更深入去理解（可能還有一些執著），於是我再度找了寵物溝通師。

我的提問盡是：「為什麼你那天要走向那裡？」「當時到底發生什麼事情？」「你要去那裡做什麼？」我沒有得到答案，應該是說，溝通師說了一堆都不是我想聽的答案。我執著於生命逝去的方式，但肚臍不覺得「為什麼你是這樣走的？」是一個問題。肚臍只有跟溝通師說：「過程我不太想講了，不過一下子就不痛了。」牠也不覺得我需要理解牠是怎麼被咬死的。

沒得到我想要的答案，我很不甘心，可是為了繼續深入這個痛，我加倍地投入，不斷回顧每一個細節、看我們過往的照片、將所有熟悉的足跡都走一遍，咀嚼牠存在的意義……我不斷地用回憶刺傷自己，用懊悔摧殘活著的每一刻。直到有一天，當我的內心處在殘破不堪的狀態時，我終於放棄讓自己再這樣繼續下去，那時候我才發現到，原來禮物真的在。

肚臍的存在就是愛

過往我理解的愛都是教科書的愛，或是《聖經》說的「愛是恆久忍耐，又有恩慈」，究竟愛是什麼？這個世界用了許多形式——歌曲、電影、詩集去描述愛，去探討愛，去展現愛的各種面貌，但我發現自己根本不知道愛是什麼！

回憶中，那個小小一隻，看似很脆弱，毫無殺傷力，需要我們餵養和呵護的小狗，一直很愛我，沒有不愛的那一刻。牠總能為我的生命帶來溫暖，不論你如何對待，陪伴時間的多寡，牠依舊能保持著那份愛，待在我身邊。

人類用言語、動作，表現自己的愛，但肚臍什麼都不用做，就能讓我感受到愛。牠不用說我愛妳，我就知道牠愛我，牠用牠的方式愛著我、陪伴我、聽我說話，那是最純粹的愛的表現。

突然間，我感覺自己好像更靠近牠了，也體悟到生命存在的本身就是愛，愛不需證明，不用刻意忍耐、不用展現包容，更不用做什麼了不起的事。這時候我明白，肚臍的存在就是愛，最重要的是，牠在我生命中這麼長的時間，就代表愛的本身。

發現這件事的我，帶著內心的撼動，有些喜悅和感動的眼淚，解脫了我的執念。我漸漸收起這段時間的悔恨和悲傷，走到小墓園，在心中跟這個生命好好道謝。

這份巨大的禮物，會一直在我心裡永永遠遠，那是屬於我人生中的美好回憶，也成為我未來的養分和力量，我想帶著這樣的愛發揮在我的生活裡，投入在每一段關係裡，體驗生命的任何時刻。

· 100
我畫下肚臍的樣子，我發現牠的存在本身就是最美好的禮物，因為牠用生命完全體現了愛。

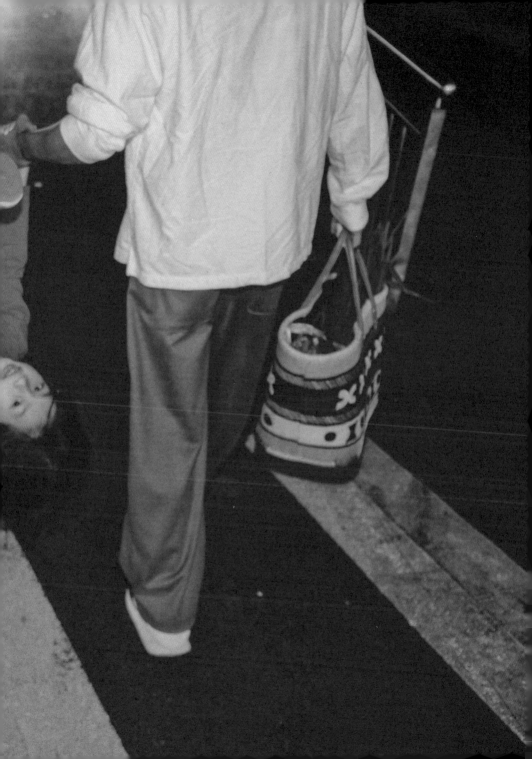

—————— AFTERWORD 後記

給自己

（看見自由最初的模樣）

真相是，我認為不斷在向我宣戰的大環境，其實並非如此，不斷在向我宣戰的對象，是我自己。

最近的我，在陪伴兒子長大的過程中，看見自由最初的模樣。

那個無拘無束的孩子，不為過去所困，總是輕盈自在快樂地玩耍，每個時刻都能盡情享受當下。看他不為小事煩惱，總能開懷大笑，自在地表現情緒，真的好羨慕啊。

我不禁想，曾經自己也是如此的呀！

什麼時候我開始感覺到束縛了？那個自由自在的孩子什麼時候開始害怕、感受約束，然後為了取悅大人和證明自己而不再誠實了呢？

※

作為母親，我總會擔心，不斷地庸人自擾，然而這些擔心都只是假設，這些假設都是束縛。所以，我仍在練習，透過更多對自己的愛，去解開許多限制性的信念，去相信生命本身，已經是自由的。

這樣我是不是就能好好地愛著兒子，只是愛著，成為他生命的陪伴，讓他知道，自己是有選擇的。

我想要成為一位有創意的母親，去和這個生命一同成長，而不是不斷去掌控他，要求他配合我、取悅我，為我的情緒負責。

「我想要他成為自己的主人，能夠給自己力量。」

我也想時時刻刻記得「肚臍」給我的體悟──成為愛的本身；想延續母親的優雅和包容，好好投入生活，體會生命美好神聖之處。我也知道我可以再更加地愛自己、疼惜自己、包容自己，我知道我還有好多好多需要發現和解開的部分。

※

我常想，孩子啊，如果我讓你傷心、使你失望沮喪、剝奪了你的快樂或想像，那都不是真心要傷害你，請原諒不夠智慧的大人啊。

我也要謝謝你給我機會，讓我成為你生命中的領航員。

當有一天，我飛向更遙遠的宇宙時，願你明白，這一切都是愛，未曾改變。

「也請你一定要相信自己，你已經是完美的了。」

感謝促成這一切發生的星際團隊——
出版社 建偉 昭融 曼波 史瓦 達達 菜菜 豆豆 所有打拚的夥伴
所有一同創作和投入時間心血的人們

感謝給我滿滿靈感繆思們——
思好 大碉堡 亮清 雪芬 肚臍 波波 立書 臭女人們
南台灣和東部的家人 台大的醫生護士們看護小喬 來探望禱告的教友
全民大劇團和演出的演員們 阿姨 青山 婉柔
還有所有在生命中與我相遇的人們 給我支持的小星辰 世界各地的好
朋友們～

感謝促成此書出版的地球資源，我太幸福了！

（歡呼）

我們都有體驗自由的能力：一個女演員的愛與生命告解
林辰唏著 . -- 初版 . -- 臺北市：
時報文化出版企業股份有限公司 , 2023.07
240 面；15×20 公分 . --（PEOPLE 叢書；501）
ISBN 978-626-374-069-3（平裝）

1.CST: 林辰唏 2.CST: 傳記 3.CST: 文集

783.3886　112010939

PEOPLE 叢書 501

我們都有
體驗自由的能力

一個女演員的愛與生命告解

作者—林辰唏 · 插畫—Zaizai Lin、Bio · 經紀公司—Wudi Pictures 無敵影業 · 採訪撰文—
李昭融 · 聽打—林家芬 · 攝影—登曼波 Manbo Key · 攝影助理—蔡秉孝 · 妝髮造型—
豆豆、宇丹妮 · 製作協力—達達、Swallow、菜菜 · 設計—平面室 · 校對—簡淑媛 ·
行銷企劃—鄭家謙 · 副總編輯—王建偉 · 董事長—趙政岷

出版者—時報文化出版企業股份有限公司 · 108019 台北市和平西路三段 240 號 4 樓 ·
發行專線—（02）2306-6842 · 讀者服務專線—0800-231-705 /（02）2304-7103 · 讀
者服務傳真—（02）2304-6858 · 郵撥—19344724 時報文化出版公司 · 信箱—10899
台北華江橋郵局第 99 信箱 · 時報悅讀網—http://www.readingtimes.com.tw · 電子
郵件信箱—ctliving@readingtimes.com.tw · 藝術設計線 FB—http://www.facebook.
com/art.design.readingtimes · IG—art_design_readingtimes · 法律顧問—理律法
律事務所 陳長文律師、李念祖律師 · 印刷—和楹印刷有限公司 · 初版一刷—2023 年 7 月
28 日 · 定價—新台幣 520 元

ISBN 978-626-374-069-3
Printed in Taiwan

時報文化出版公司成立於一九七五年，並於一九九九年股票上櫃公開發行，
於二〇〇八年脫離中時集團非屬旺中，以「尊重智慧與創意的文化事業」為信念。